hal

装画　上田三根子
装釘　藤原康二

雑貨と私

目次

第二章　沼津の小さな雑貨屋

第三章　笑顔で暮らすために

第四章　楽しみながら本気で続けられること

第一章

憧れの場所へ

東京に行きたい

目を閉じればいつだって頭の中で鮮明に再生できる、幼き日の風景がふたつある。

静岡県沼津市生まれ、沼津市育ち。両親と姉、私、妹の三姉妹。父は会社員で、定時で仕事が終わると寄り道せずまっすぐ帰宅する、我が家が大好きな人。母も日中は働いていたが、夕方には家に戻り、夕食を用意して父と私たち姉妹を迎えてくれた。

一家五人が食卓を囲んで夕食をとる。それが私の、家族の原風景。

もうひとつ、記憶に刻まれている光景がある。それは百貨店に出かけた時に目にした、店員が品物を美しい包装紙でラッピングする流麗《りゅうれい》な手元。いろいろな形のものたちが見事に包まれていくさまを、飽きることなくずっと眺めていた。

近所の駄菓子屋では、ちょっとした文房具を売っていた。一番のお気に入りは、目の粗いわら半紙。よく姉と妹とお買い物ごっこをしていたが、百貨店の店員の真似をして、お小遣いで求めたわら半紙で家中のものを包むのがなにより楽しかった。

中学三年の時、雑誌・オリーブに出合ったことで私の世界は大きく変わった。友人の家にあったオリーブを、こんな可愛い雑誌があるんだと思いながら、何気なく開いた。ページをめくるたび目に飛び込んでくる、それまで見たことのなかった可憐《かれん》な世界にどんどん惹《ひ》かれていき、いつしか目を皿にして夢中で味読していた。

最後のページに辿《たど》り着く頃には、すっかり全身がオリーブ色に染まっていた。

初めて見る愛らしい服、パリの女の子の素敵な暮らし、テレビでは見たこともなかったパンクバンド、そのすべてが私の胸を高鳴らせた。

平静を装いながら友人の家を後にし、その足で近所の本屋に立ち寄った。財布を覗き込んでギリギリ購入できるお金があることを確認し、お目当ての表紙を探した。雑誌コーナーの隅に一冊だけ残っていたオリーブを大事に抱えてレジへと向かう。姉妹でお小遣いを出し合って、漫画雑誌・なかよし、りぼんを毎号買っていたが、ひとりでファッション誌を買ったのは初めてのこと。

初めてオリーブを買った日の、誰も知らない自分だけの宝物を手にしたような高揚感をはっきり覚えている。その日からオリーブが教科書になった。

オリーブが書店に並ぶ三日と十八日が待ち遠しく、発売日は朝からソワソワした。学校が終わると本屋に駆け込み最新号を手に入れ、一直線で家に帰る。そして部屋に籠《こも》り、一文字も逃さないよう隅から隅まで、これぞ熟読という表現がぴったりくるほど熱心に読み込んだ。

雑誌の中の洗練された都会的な人やものたちに憧れを募《つの》らせていった私は、高校を卒業したら東京で暮らしたいと夢を抱くようになった。

高校三年になり、いよいよ将来のことを真剣に考えないといけない時期がきた。ただ夢を描いているだけではどうにもならない。一大決心し、恋焦がれている東京で暮らしたいと両親に打ち明けた。

「大学に進学するのなら、自宅から通える地元の学校が条件。どうしても東京に行きたいのであれば、寮がある会社に就職しなさい」

こう言われ、とにかく東京に行きたかった私は、就職することを即決した。こういう時の行動力と瞬発力は、この頃から備わっていた。翌日から寮がある東京の会社を真剣に探し始めた。条件に合う会社を見つけ、就職試験にも無事合格し、晴れて東京暮らしの夢が叶うことになった。

東京で暮らすことが目標で、就職した会社の業務内容には正直なところ興味がなかった。憧れの街にきたけれど、仕事に情熱を燃やすわけでもなく、なんだか物足りない。せっかく東京にいるのだから、ここでないとできないことをしたいと思った私は、雑誌・オリーブに毎号広告が載っていた専門学校・バンタンデザイン研究所に通うことにした。最初のボーナスを入学金に充て、働きながら通うことができる夜間週二日のコースを選んだ。

ファッションコーディネーター科を半年間、スタイリスト科を半年間、合わせて一年の間だけだったけれど、専門学校に通ったことで本当の東京生活が始まった。

同じ趣味を持つ同世代と知り合い、一緒に東京の夜の街に繰り出すようになった。夜の街といっても、いわゆる歓楽街ではなく、ライブハウスやクラブなど、純粋に音楽を楽しむための場所。そこでの出会いが、私の基盤となったと言っても過言ではない。

専門学校で出会った仲間たちの影響もあり、以前から興味のあった雑貨屋で働きたいという気持ちが膨らんでいった。

「石の上にも三年。どんなに嫌でもつまらなくても、就職した会社でとりあえず三年間は働きなさい」

両親からことあるごとにこう言われていた。東京に出ることを許してくれた両親に報いるため、最低でもこれだけは守り、就職した会社で三年間、自分なりに懸命に働いた。そして東京にきて三年が過ぎた頃、雑貨屋に転職した。

三姉妹の真ん中で、長女である姉と少し歳の離れた妹を見て育った私は、自身を客観的に見る視点が自然と備わっていたように思う。そして中間子は、自立心が高いとも言われている。高校を卒業してすぐ東京で暮らしていくことを、なんの迷いもなく決められたのも、自身を俯瞰《ふかん》できていたからかもしれない。

両親はそんな性格を見抜いていたのか、会社を辞めて雑貨屋で働こうと思っていることを伝えた時にも、自活できるのであれば最後は自分で決めればいいと言ってくれた。縁《えん》も所縁《ゆかり》もない東京で、三年間ひとつの会社で勤め続けたことを認めて、心配しながらも私の思いを尊重し、信頼してくれたのだと思う。

都会の暮らしにも少しは慣れ、友人も増えたことで、東京が憧れの夢の世界から現実を生きる街へと変化していった。それでもまだ、将来などはっきり見えないまま、夢と現実の間《はざま》をふわふわと彷徨《さまよ》っていた。

表参道ライフ

最初に勤めたのは大きな雑貨屋だった。初めは右も左もわからなかったが、仕事の傍《かたわ》らいろいろな雑貨屋を巡るうちに、自分はどんな店が好きなのか、それが少しずつわかってきた。

私が惹かれるのは、小さいけれど他ではなかなか手に入れることができないものを丁寧に扱っている、店主の個性が際立った店。本当にそのものに惚れ込み、ひとつひとつ愛着を持って置いているか、ただ売れているものを仕入れて販売しているか、それがわかるようになった。

仕事は楽しかったけれど、並んでいるのは他所《よそ》でも求めることができるものが大半だった。次第に、雑貨に携わるのなら、小さくてもここだから買いたいと思える店で働きたいという欲が湧いてきた。そんな思いが実現できる憧れの店がいくつもあった。それを叶えるため、たびたび訪れていた文房具を主に扱う小さな店に転職した。

働き始めて一年が経った頃、よく通っていたファーマーズテーブルがスタッフを募集していることを友人が教えてくれた。その店は表参道の同潤会《どうじゅんかい》青山アパートにあった。表参道の欅《けやき》並木と同潤会青山アパートは憧れの東京の象徴で、この街で一番好きな風景だった。

同潤会青山アパートは、表参道ヒルズがある場所にかつて建っていた共同住宅。現在は表参道ヒルズの東端に当時の姿を再現した同潤館が建てられ、その記憶を継承している。

憧れの場所にある大好きな店がスタッフを募集していると聞いた瞬間、面接を受けることを決めた。面接の日、雑貨屋での勤務経験はわずかだけれど、どうしてもここで働きたいという気持ちを、拙《つたな》い言葉で一生懸命に話した。小さな声だったかもしれないが熱意は伝わったのだろう、採用となり大好きな場所で働けることになった。

一九九〇年、日本はいわゆるバブル景気の最中。私は二十二歳を迎えていた。田舎町で都会に憧れを抱いていた頃には想像もしていなかった場所に立っている。キラキラと輝く東京の、その中でも流行の先端をいく人たちが集まる表参道の大好きな店で働くことができる。

雑貨屋で働き始めたことで同じ趣味を持つ同世代の友人がますます増え、仲間に誘われライブを観に行く機会が多くなった。

のちに渋谷系と呼ばれる音楽シーンで活躍する人たちが、渋谷・原宿周辺の狭い範囲にたくさん働いていた。ファッションの視点で見ると、裏原宿という言葉が生まれる少し前。その頃に裏原宿を代表するブランドが次々と誕生していた。

音楽やファッションの分野で、数年後に大きな波を起こすことになる人たちも、その界隈で行われる小さな音楽イベントや、働いていた店の近隣でよく見かけるとても近い存在だった。彼らの多くは音楽やファッションを生業《なりわい》にしようという強い志《こころざし》で活動していたのではなく、ただ純粋に仲間たちと好きなことを、心から楽しんでいるように見えた。

まだ何者でもない、才能溢れる若者たちが自然と集まっていた。好景気という時代背景とも重なり、とてつもないパワーが集約し、爆発する寸前だった。しかしその真っ只中にいた私は、それに少しも気づかなかった。

感性やセンスというと大袈裟だけれど、表参道で過ごした数年でそれが形成された。二十歳からの数年間の経験が礎《いしずえ》になっていることは疑いようがない。あの時の熱情が大きな柱となり、ずっと私を支えている。

ただ毎日、真剣に楽しんでいただけだった。けれども表参道で過ごした数年間で、学校では絶対に教えてくれない大切なことをたくさん学んだ。

青春の終わりと始まり

東京での暮らしは、仕事も遊びも恋も、すべてが充実していた。しかし、大失恋を経験し、夢の中のような生活から一転、膨らんだ気持ちが一気にはじけてしまった。

大好きな店で働いていてもため息ばかり、ちょっと気を許すと涙が溢れてくる始末。楽しい日々がずっと続くと思っていたけれど、東京での暮らしに充実感を得られなくなっていった。

キラキラと輝いていた風景が、急に色を失ったように見えた。憧れていた世界が、厳しい現実を生きていく場所に変わってしまった。それは大失恋が一番の理由だったが、街が持っていたパワーが失われていくような感覚もあった。

仕事も遊びも恋も本気でやった。もう東京でやり残したことはない。青春の終わりを実感した私は、不意に沼津に戻りたいと思った。上京するまでは、早くここから出たいと思っていた故郷が、急に恋しくなった。

そして、なにも決めないまま家族が暮らす町に帰った。

東京での暮らしをあっさり手放す決心ができたのは、沼津と東京の距離が近いことも大きかった。もし故郷が北海道や沖縄だったら、簡単に東京に行くことは難しいが、その気になれば毎月遊びに行くことだってできる。実際、高校生の頃も休みを利用して、年に何度も東京に出かけていた。

十八歳で上京して二十四歳で帰郷するまで、がむしゃらにすべてに打ち込んだ東京での暮らし。人生の中で最も濃く、乾ききったスポンジのようにぐんぐんとあらゆるものを吸収していった。多くの人にとっては、中学・高校時代が人生における青春期かもしれないが、東京での六年間が私の青春だった。

自分の意思で沼津を出ていき、今度は先のことを決めないまま戻ってきたのだから、逃げ帰ってきたと思われても仕方がない。しかし家族はなにも言わず私を受け入れてくれた。その時ほど、無言でただ迎えてくれる優しさが身に染みたことはない。

あたたかく迎えてくれた両親も、さすがに働きもせずぼんやりと過ごすことは許してくれなかった。特にしたい仕事があるわけでもなかったので、とりあえず社会保険がしっかりしている、業務内容がそんなに大変ではない会社を、業種を問わず探した。ちょうど近所にある工務店が事務員を募集していたので面接を受け、採用されることになった。

朝決まった時間に出勤して、定時になったら寄り道せずまっすぐ家に帰る。会社は皆が優しくなんの不満もなかったが、東京での暮らしがまだ完全には忘れられない二十四歳の私には、どこか満たされない日々だった。

変わらず雑誌・オリーブを愛読していて、誌面では全国のお洒落なカフェを紹介する特集が頻繁に組まれていた。東京にあるようなカフェが地方でも増えていった過渡期、のちにカフェブームと言われる流行のはしりの頃だった。しばらくして沼津にもオリーブに出てくるような素敵なカフェが開店した。

その店を訪れた友人が、週二日働けるスタッフを募集していることを教えてくれた。お洒落なカフェで働いたら、満たされないモヤモヤした気分が少しは晴れるかもしれない、そんな軽い気持ちだった。思い立ったらすぐ行動が座右の銘の私は、そのカフェでアルバイトすることを決めた。

人生、成り行き

対談　松田″チャーベ″岳二×後藤由紀子

松田″チャーベ″岳二《がくじ》
ミュージシャン、DJ、キットギャラリー主宰。キーボーディスト堀江博久《ひろひさ》とのユニット「ニール&イライザ」、ソロプロジェクト「キュビズモ・グラフィコ」、バンドスタイル「キュビズモ・グラフィコ・ファイヴ」、紗羅《さら》マリーらとのバンド「ラーナーズ」など、多方面で活動。CM、映画音楽も多数手掛ける。二〇〇一年、映画『ウォーターボーイズ』の音楽を担当し、同作で第二十五回日本アカデミー賞最優秀音楽賞を受賞。

いつの間にか顔馴染みになっていた

松田　僕は大学進学で広島から上京してきて、その頃はまだ音楽はなにもやっていなかった。

後藤　音楽はやっていないけど、音楽が好きな若者だったんだよね。

松田　音楽を聴くのが好きで、DJイベントにお客さんとして通っているうちに、ユキちゃんと顔馴染みになった。

後藤　レゲエがかかるDJイベントで何度か見かけていて、いつの間にか仲よくなっていたよね。初対面はいつだったか覚えてないの（笑）。DJがよくかける曲を入れたカセットテープを仲間たちが貸してくれて、チャーべくんが選曲したミックステープもよく聞かせてもらっていたな。

松田　いつ出会ったかわからないけど、DJイベントに通っているうちに仲よくなっていた人が多いのかも。渋谷・原宿界隈でアルバイトをしていた仲間には、音楽をはじめいろんな分野で活躍している人がたくさんいるけれど、当時は誰もがただの若者だった。

後藤　時代はバブルの終わり頃だったけど、そういうのとは関係ないところにいたよね。

松田　音楽業界はむしろ、バブルがはじけた後に好景気がやってきた。CDが一番売れていたのが一九九〇年代の後半だから。渋谷・原宿界隈に輸入盤のCDやレコードを販売している店がたくさんあって、そういった洋楽好きが集まる店でもよく売れている日本人アーティストが、のちに渋谷系と呼ばれるようになった。その頃は渋谷系なんて言葉もなかった。

当時、代官山と渋谷の間くらいのところにあった文房具屋でユキちゃんが働いていたのを覚えている。

後藤　しばらくして原宿店に移って、次に表参道の同潤会アパートにあった雑貨屋で働き始めたの。その界隈で働いていた同世代の人たちと仲よくなって、チャーベくんがＤＪをやっていたイベントにも通うようになった。その時に出会った仲間が素敵な人ばかりで、本当に面白かったな。

松田 ＤＪを始めていたけれどまだ楽器はやっていなくて、バンド活動はしていなかった。皆お客さんとしてイベントにきていた仲間だったんだよね。

後藤 それからしばらくして、二十四歳の時に大失恋して沼津に帰ったから、楽器を演奏している姿を東京にいた頃は一度も見ていないのよ。チャーベくんがバンドを始めた頃、ちょうど育児の真っ最中だったから。

松田 ＤＪイベントでよく会ってたのって、数年間だけだったんだ。

後藤 ニール＆イライザを始めてどんどん人気者になっていく様子を、音楽雑誌を見て知るくらいだったわ。それから数年後に、新しく始めたバンド、キュビズモ・グラフィコ・ファイヴでギターを演奏しているのを初めて観て「ギター弾けるんだ！」ってすごく驚いたよ。それまでバンドで活躍している姿を生で観たことがなかったから、ライブの後に「ギターうまいね」なんて失礼なことを言っちゃった（笑）。

松田 僕が音楽を始めるずっと前からの知り合いで、楽器を演奏しているところを一度も見せていなかったから、そう思うのは当然だよね。

後藤 そんな失礼なこと言っちゃったけど、ＤＪをやっている時から選曲センスがスバ抜けて素晴らしかったから、バンドを始めて人気になるのはなんの不思議もなかった。

同じＤＪイベントに通っていて、どんな音楽が好きか知っていたから、やっているバンドのサウンドがチャーべくんらしいなと思ったわ。会ってはいなかったけど、活躍する姿を沼津で見ていて、そりゃ当然だよねって気持ちでいたの。

松田 ユキちゃんが僕のライブに初めてきてくれた時に、雑貨屋を始めたことを教えてくれたんだよね。それを聞いた時に僕も、ユキちゃんだったら雑貨屋を始めるのは当然だよねって思ったな。

地元に戻って結婚して、子供を産んで、雑貨屋を始めたユキちゃんは、とても豊かな人生を歩んでいると思った。都会でなくてもやりたいことはできる。誰も頭ではそれをわかってはいるけれど、実際にやっている人は少ない。だから、沼津で店を始めたユキちゃんは本当にすごいなって思った。

後藤　hal《ハル》を始めた頃、地元に行きたい雑貨屋がなかったの。もし東京にいたら、好きな店で働けばいいと思ったはずだから、沼津という地方の町で暮らしていることは、自身で始める動機として大きかった。

人生、成り行き

松田　バンドをやっていたけど、まだその時は音楽を生業にしようとは思っていなかったんだよね。成り行きでそうなっただけだった。

後藤　私も育児中で、すぐ雑貨屋を始めようとは思ってなかったの。成り行きという部分では似ているのかもしれないね。きっと培ってきたものがあって、そこからいろんなご縁が繋がったことで、自然と音楽を生業にするようになったのかなと、勝手に想像していたわ。チャーべくんは同世代だけでなく、上の世代からも下の世代からも慕《した》われているから、いろんな話が舞い込んでくるんじゃないのかな。

これしかやらないと頑《かたく》なではなくて、自然と流れに乗ることができるから。出会った頃からいろんなジャンルの音楽を聴いていて、ひとところに留まることはなかった。芯はしっかりあるんだけれど振り幅が大きくて、自由に楽しんでいるように見えたんだよね。私にも似たところがあって、ご縁があれば雑貨屋とは関係ないようなことでも、とりあえずやってみることにしている。常にニュートラルな状態でいたいの。

松田　三十三歳の時に子供が生まれて、ありきたりだけれど、家族ができたことで自分だけよければいいという立場ではなくなった。責任感のスイッチみたいなものが強制的に入って、生きていくために本気でやらなければいけないという気持ちに切り替わった。

音楽活動でなんとか生計を立てられてはいたけれど、学生時代の延長のような生活を続けていて、そろそろ親にちゃんとしているところを見せないといけないと思ってたんだよね。子供ができたことで、ようやくそれがひとつできた。

後藤　私はいつ辞めてもいいという気持ちで雑貨屋を始めたから、責任感のようなものはないのかも。

松田　都会は家賃が高いし、開店する時にも結構なお金がかかっちゃう。だけど地方なら初期費用を抑えられるから、そこまで肩に力を入れなくても始められる。それは大きな利点だよね。都会でなくても雑貨屋を経営できることを、ユキちゃんは世に証明してみせたと思うよ。

後藤　友達が雑貨屋を開店して、それを見てできるかもと始めたんだけど、よく考えたら彼女は私とは比べ物にならないくらいビジネスセンスがあった。だから、自分もできるって考えちゃいけなかったんだけど、それに気づいたのは開店した後、今さらどうしようもなかったの(笑)。
　チャーべくんはソロユニットのキュビズモ・グラフィコをやっていて、映画音楽で大きな賞をとったり(映画『ウォーターボーイズ』の音楽を担当。第二十五回日本アカデミー賞最優秀音楽賞を受賞)して大活躍していた。本当にすごいなって、感心してたよ。

松田　あくまでもインディーズでの活動で、世の中には名前なんて知られていないから、この先も音楽一本で生きていけるとは思ってなかったな。

後藤　あんなに活躍していたのに、そんな気持ちだったんだね。快進撃を続ける姿を見ていて、きっと音楽だけでやっていくんだろうなと、勝手に思ってたわ。

松田　実のところ、一九九九年までレコード屋と洋服屋のアルバイトを続けてたんだよ。二十八歳の時に、自身のバンドの他にライブサポートの仕事が入ってきて、週一回くらいしか行けなくなってしまった。アルバイト先の社長から「そろそろ音楽に専念してもいいんじゃない」と言われて、ようやく辞めることにしたんだけど、本心はとても不安だった。この先もずっと音楽の仕事があるわけではないから。
　アルバイトを辞めてからの二年間くらいが一番不安だったな。この時期はリミックスの依頼をたくさんいただいて、それで食い繋いでいた。それを続けていたら映画音楽の話をいただいて、それが終わったら今度はCM音楽の仕事をいただくようになった。CM音楽は十年くらいやってたけど、すごく楽しかった。

後藤　性《しょう》に合ってたんだ。お題があって、制約があるのが得意だったのかな。

松田　確かにそうかもしれない。とにかく楽しかったな。

SECOND FLOOR
2
Kit
KIT
Gallery
GALLERY

キットギャラリーができて再び交流が始まった

松田　CM音楽の仕事が落ち着いた頃に、キットギャラリーを始めたのね。ちょうど四十歳の時。

後藤　子供が大きくなって展示会を見に東京にこられるようになった頃で、ギャラリーにも頻繁に訪れるようになって再び交流が始まったんだよね。だから、この場所を作ってくれたことを感謝している。

場所があるって、すごくいいなと思ったわ。待ち合わせするほどでもないけれど、あそこに行けば会えるっていう場所があるのはとってもありがたいなって。私も店をやっているおかげで、ふらっと会いにきてくれる人がたくさんいて、それがとても嬉しい。そういえばこれまで一度も訊《き》いたことなかったけど、どうしてギャラリーを始めたの？

松田　これもまた、成り行きだったんだよね。元々は物件をデザイン事務所とルームシェアで借りていたの。デザイン事務所が別の場所に移ることになって、シェアをやめざるを得なくなってしまったんだよ。機材やレコードが大量にあるから、いざ引っ越すとなると相当大変。それなら空いたスペースを使ってその分の家賃を稼げばいいのでは、と考えたのがきっかけ。絵を描いたりもの作りをしている仲間もたくさんいるし、アパレルをやっている友人もいるから、皆に声をかけたらギャラリーができるんじゃないかなって。

後藤　そんな流れで二〇一〇年の年末にギャラリーを始めたら、翌年三月に東日本大震災が起こって、休止をしなければならなくなった。予定も順調に入り始めて、この調子ならやっていけそうだと思った矢先のことで。

松田　始めてすぐに震災が起こって、本当に大変だったね。最初から資金がほとんどなくなって大変だったけれど、被災した人たちのことを考えたら、大変だなんて言っていられなかった。なんとかここを乗り切るしかないと思って、頑張ってたな。
　僕は飽き性で、二、三年くらいバンドを集中してやると、そろそろ違うことがやりたくなってきて別のことをやる、という繰り返し。ギャラリーができたことで、音楽だけでなくいろんなことができるようになって、活動の幅がぐっと広がったんだよね。もし音楽だけやっていたら、きっと続かなかったと思う。

後藤　何事にも楽しく真剣に取り組んでいるからチャーべくんの周りに素敵な人たちが自然と集まってきて、その人たちと一緒に作り出すものがいつも面白いんだよね。

松田　悩む時間はなるべく少ない方がいいじゃない。課題を打破するには悩むことも必要だけれど、いろいろと工夫して楽しい方向に持っていく。それを繰り返しているだけなのかもしれない。だからこそ成り行きを受け入れたいな。

インターネットがなかったから出会えた

後藤　近年、音楽は配信で聴くのが一般的になったけど、ミュージシャンとしてどう考えてる？　うちはようやくネット通販のシステムを導入しようと思っているところなんだけど。

松田　それも成り行きだよね。時代の移り変わりには逆らえないから、反対するのではなくそれをうまく取り入れたい。

後藤　育児中なかなか買い物に出られなかったから、よく通販で買い物してたのね。といっても、インターネットも普及してなかったからアナログな方法だったんだけど。雑誌を見てほしいものがあると直接店に電話をかけて、通販してもらえないかとお願いして送ってもらってたの。
　家から出られない状況でもネットでいろんなものが買えるようになったのは、すごくいいことじゃないかな。だけど、接客することが好きで、お客さんと話すことが楽しいから、ずっと店に立ちたいな。

松田　商品を買う目的だけじゃなくて、ユキちゃんに会いたいから足を運ぶ人がたくさんいるわけじゃない。それは音楽でいえば、ライブに行くことと変わらない。生で演奏を観たいから、会場で仲間と一緒に楽しみたいからライブに行く。そもそも僕たちも、携帯電話もインターネットもなかったから出会うことができた。あの場に行かなかったら、出会うことはなかったと思う。あのDJイベントに行けば、いつもきているあの人たちに会えるというのが楽しかったな。

後藤　直接連絡を取り合うことはなかったけれど、毎月のように会ってたよね。

松田　知らないうちに話すようになって、いつの間にか仲よくなってたもんね。一方でインターネットができて、直接会えない外国で暮らしている人とも一緒に作品を生み出せるようになったのは素晴らしいことだと思う。

後藤　ライブのネット配信が増えて、地方で暮らす私にはそれがありがたかった。お茶の間で気軽に楽しめるのはいいなと思った。だけど、久しぶりに生のライブを観た時に、やっぱり感じ方が配信とは違うことを実感したわ。肌で感じる音楽は、画面を通して観るのとは別物。両方のいいところを、うまく楽しんでいきたいと思っている。

松田　なかなかライブに行けない場所に住んでいる人だけでなく、病気や怪我をした人や、育児中で家を空けることができない人にとって、配信はとても便利なものだから、ひとつの音楽文化として続いたらいいな。今までライブにこられなかった人に観てもらえる機会が増えたことは、音楽の作り手としては可能性が広がったと感じている。

生き方はひとつじゃない

松田　感染症が流行し始めて、最初の数ヶ月間すべての人が止まらざるを得なくなったのが、僕には変な心地よさもあったんだよ。世界中が強制的に止まった時に、この状況は誰かに嫉妬《しっと》することがない社会だと思った。

後藤 なるほど。そう言われたら、そうかもしれないね。

松田 また世の中が動き出したけど、毎年一年に三日くらい、世界中がなにもしない、強制的に止まる日があったらいいのになと思っている。

後藤 休むことは大事だし、なにもできない時期があったから、自由に動けることのありがたさを実感できた。しっかり休んで健康でいないと、続けたくても続けられないじゃない。ひとまわり上の先輩がまだ元気に店をやっているから、健康だったらあと十年は続けられるかもしれない。けれど未来はどうなるかわからないから、とりあえず今は頑張らないと。

松田 ユキちゃんには、まだまだ続けてほしいな。雑貨屋以外にも、本をたくさん出したり、新しいことにもどんどん挑戦していて、見ていてとても頼もしい。

後藤　日本はこれから超高齢化社会を迎えるから、仕事を辞めて隠居する人もいれば、会社員で定年を迎えたとしても新しい仕事を始める人も増えていくと思うの。今後、定年を機に海外に住まいを移す人も増えるだろうし。人それぞれ、自由に生きられたらいいよね。いろんな選択を見ていると、生き方はひとつじゃないと思えて楽しみになるわ。

松田　定年を迎えたら地元に戻って、新しい暮らしを始めようと考えている人も多いんじゃないかな。だから、沼津で雑貨屋を続けているユキちゃんの存在は、ますます意味のあるものになると思う。

後藤　ある占い師から、六十六歳になるまで屋号は残ると言われたから、形は変わったとしても、その頃にもチャーべくんたちと一緒に、楽しくいられるといいな。

松田　二十歳くらいの頃に仲よくなった仲間と、こうして一緒に楽しいことができるのは、嬉しいことだよね。

後藤　一緒にいて楽しいし、本当に楽でいい（笑）。やっぱり何事も、楽しくやるというのが一番ね。

　そうだ、最後にひとつお願いがあって。昔作ってくれたミックステープのような感じで、店でかけるイメージで選曲してくれたら嬉しいな。

松田　もちろん。halの雰囲気と、一緒にＤＪイベントに通っていた頃を思い出しながら、二十周年にちなんで二十曲、選曲するよ。

後藤　嬉しい！　ありがとう。どんな選曲になるか、すごく楽しみ。

Kit
kit gallery
☆bis kit☆

A-1

Milou

Stéphane Grappelli

『Milou En Mai』収録

A-2

The Moon Is Mine

Fairground Attraction

『The First Of A Million Kisses』収録

A-3

All The Tears That I Cried

Kirsty MacColl

『Electric Landlady』収録

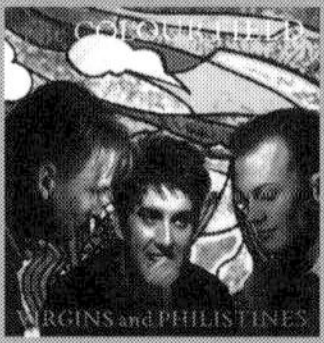

A-4

Thinking Of You

The Colourfield

『Virgins And Philistines』収録

A-5

Jean's Not Happening

The Pale Fountains

『...From Across The Kitchen Table』収録

A-6

Obscurity Knocks

The Trash Can Sinatras

『Cake』収録

A-7

Here's Where The Story Ends

The Sundays

『Reading, Writing And Arithmetic』収録

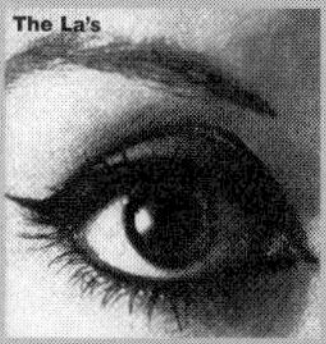

A-8

Timeless Melody

The La's

『The La's』収録

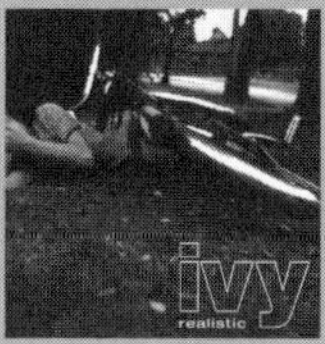

A-9

Don't Believe A Word

Ivy

『Realistic』収録

A-10

You Mary You

Louis Philippe

『London Pavilion Volume Two』収録

B-1

Rotterdam (Or Anywhere)

The Beautiful South

『Blue Is The Colour』収録

B-2

O Leãozinho

Caetano Veloso

『Caetano Veloso』収録

B-3

Izaura

João Gilberto

『João Gilberto』収録

B-4

Le Poisson Des Mers Du Sud

Isabelle Antena

『Hoping For Love』収録

B-5

Bizarre Love Triangle

Frente!

『Marvin The Album』収録

SIDE-B

B-6

Paradise Lost

Anthony Adverse

『Spin』収録

B-7

Above The Clouds

Paul Weller

『Paul Weller』収録

B-8

Let It Last

Carleen Anderson

『True Spirit』収録

B-9

Just As Long As You Are There

Vanessa Paradis

『Vanessa Paradis』収録

B-10

Disenchanted

Everything But The Girl

『Amplified Heart』収録

hal

第二章

沼津の小さな雑貨屋

ひとつめの夢が叶った

東京で暮らしていた頃、友人がこんな話をしていた。

「原宿にくる人は皆同じ格好してる。マリンルックが流行ったら全員がボーダーシャツ、赤い細身のパンツが流行ったら皆それ。たとえ少し擦れていたとしても、その服が本当に好きだからずっと大切に着ている人の方が魅力的だと思う。会うたび流行に合わせてコロコロと着せ替え人形のように変わる人って、どうなんだろう」

その話に深く共感した。

東京を離れて少しだけ世間を俯瞰できるようになった時に、ただ流行を追いかけるのではなく、核となるところをしっかりと持つことが大事だと思えるようになった。流行を否定するわけではないが、自身にとって本当に必要なものなのか、それを見極めることが重要だと思う。

週二日働くことになったカフェは、夫婦二人で営む小さな店で、常連の多くが店主の顔馴染みだった。和やかな雰囲気で、東京のカフェのようにひっきりなしにたくさんのお客さんでごった返すことはなかったので、なんとか仕事をこなすことができた。

カフェで働き始めてしばらく経った頃、店主夫婦の友人の男性がやってきた。その人はセーターの肘《ひじ》のあたりが擦れていて、中に着ているシャツが少し透けて見えていた。しかしだらしない感じはなく、肘の部分が擦れるような仕事をしているのではないかと思わせる佇《たたず》まいだった。芯がしっかりとあって、そのお気に入りのセーターを着ているように見えた。

その男性のことが気になって仕方がなかった私は、厨房でこっそり一体どんな人なのか、店主に訊《たず》ねた。

「ああ、彼は庭師だよ」

そう聞いた瞬間、まだ一言も話をしていないのに
「盆栽が好きな父と気が合いそう。もしこの人に会わせたら、父はきっと喜ぶだろうな」

と妄想した。運命の人に出会ったかもしれないと、ひとりで浮かれていた。猛烈アタックの末、おつき合いしてもらえることになった。予想通り、庭師の男性とおつき合いしていることを父に伝えると、とても喜んでくれた。

大失恋して失意のまま沼津に戻り、淡々と過ごす中で、こんな出会いが待っているとは想像もしていなかった。数年後、庭師の彼と結婚し、二人の子供のお母さんになった。


それから二十年経った頃、表参道でお世話になった雑貨屋のオーナーと久し

ぶりに話をした時に

「うちで働いていた頃、故郷に帰ってお母さんになりたいってよく話してたけど、本当にその通りになってよかったね」

と言われた。記憶の中では、大失恋して東京を後にしたとばかり思っていて、そんなふうに言っていたことを覚えていなかった。東京で暮らすことが願望で、これがやりたいんだという目標はないと思っていたけれど、心に抱いていた夢はあった。

子供の頃からずっと、お母さんになりたかった。東京にいた頃からほぼ毎食自炊して、自作の弁当を持って出勤していた。それはいつかお母さんになる日のための、自分なりの準備のひとつだった。

もうひとつ、密かに抱いている夢があった。いつか結婚してお母さんになることができたら、子供が十二歳になった時に店を始める未来を想像していた。

きっと子供が中学生になる頃には、少しは手が離れていると考えたのだろう。

ずっと料理が好きだったから、店を始めるのなら自身で作った食事を出すカフェをしたい。東京にいた頃、カフェで働く友人から素早さを要する激務と聞いていたので、私にはできないだろうと諦めていた。しかし、結婚前に働いたカフェでの勤務経験で、東京ほど人が多くない沼津なら自分のペースで運営できるという小さな自信が芽生えていた。夫にもいつの日か叶えたい構想を話していて「いいんじゃない？」と応援してくれた。

育児中、時間を見つけては好きな飲食店にランチを食べに行くようになった。それはただ外食がしたいというだけでなく、将来カフェを開くことを前提とした視察と勉強を兼ねてのことだった。好きな店のメニューを参考に、いつか自身のカフェで出すことを念頭に置きながら料理を試作し、家族や友人に食べてもらい意見を求めた。

子育ては想像以上に大変だったけれど充実した日々。カフェを開くという夢を抱きながら、楽しく過ごしていた。そんな最中、想像もしていなかった出来事が私を襲った。

明日があるとは限らない

突然、これまで経験したことのない頭が割れるような激痛が襲った。

立っていられなくなった私はすぐさま病院に運ばれた。診察の結果は、過労が原因の髄膜炎《ずいまくえん》。緊急処置のおかげで、一時的に頭が割れるような激痛が少しだけ治まった。

今すぐ入院が必要だと言われたが、まだどこか呑気《のんき》に構えていた。

「一度帰宅して家のことをやってから、明日入院してもいいですか？」

「馬鹿なこと言っちゃいけない。今ちょっとだけ頭痛が治まったかもしれないけど、すぐに入院しないと、半身不随になりますよ」

医者からそう言われて初めて、自分の体に起きたことの重大さに気がついた。

それから約一ヶ月間、入院を余儀なくされた。

少し前から体調が優れない感覚が続いていたけれど、子供を二人抱えて病院に行くことが煩《わずら》わしく、自身の体を省《かえり》みることを怠《おこた》っていた。自分のことは二の次で、家族の暮らしが滞《とどこお》りなく進んでいくよう走り続けていた。

日々の食事ひとつとっても、食べたいものを考える余裕など一切なく、家族が食べたいものを作ることが当たり前だった。すべてにおいて自分というものがなく、子供と夫が主役だった。

なにもできない一ヶ月の入院期間に、これまでを振り返りながら、ベッドの上でいろいろなことを考えた。まず一番に、大病をしたことで必ず明日がくるとは限らないことを痛感した。どんなに無理をしても今の年齢なら健康でいられると思っていたけれど、それは大きな誤りだった。ずっと続くと勘違いしていた命には終わりがあることを実感した。終わりはずっと先の未来ではなく、明日にもやってくるかもしれない。

それと同時に、いつかやろうと思っていた様々な事柄が、将来できるとは限らないことも悟った。私の体は自分がいたわらないといけない。家族がなにより大切だけれど、それも自身の健康、ひいては命があればこそ。

大病を経験したことで命の大切さに気がつき、終わりを見据えて生きていく覚悟ができた。いつ命が果てても悔いが残らないよう、これからは家族だけでなく自分のためにも生きていこう。

命には終わりがあることを実感し、いつかやろうと思っていた店を、すぐにでも始めたいという衝動に駆られた。子供が十二歳になった時のことを考えながら暮らしていたが、それまで生きていられるとは限らない。だったら今すぐ始めよう。

とはいえまだ子供も小さく、店を始めたことで家族の生活に支障が出たり、激務でまた体調を崩してしまっては元も子もない。子供が発熱した時、この子たちを置いてずっと仕事に出ることは絶対にできないと思った。しかし、家族に我慢させることなく、自身の体に無理させることもなくできる店がきっとあるはず。

半年で閉店するかもしれない雑貨屋

いつか始めたいと料理の試作を重ねていたカフェを、仮に開店したとしよう。ひとりで営む店だから、臨時休業しなければならないこともあるだろう。そうなった時、仕入れた食材を駄目にしてしまう。きっと仕込みの時間や営業時間の融通もきかない。

でも雑貨屋なら、仕入れた商品がすぐ痛んでしまう心配はないし、小さな規模で始められるかもしれない。そう考えたのが、二〇〇二年の暮れも押し詰まった頃のことだった。

子供が肺炎で寝込んでいる最中、手始めによさそうな物件があるものか、軽い気持ちで電話帳を開き、近くの不動産屋に電話をかけた。雑貨屋ができそうな場所を探していることと希望条件を簡単に伝えると、ちょうどいい物件があるという。間取り図などをファックスで送ってくれたのだが、これがなかなかよさそう。

翌週、子供は無事に全快した。看病しながら、頭の片隅であの物件のことが少し気になっていた私は、まだ空いているだろうかとドキドキしながら不動産屋に連絡した。

まだ契約は決まっておらず、今日にも内見できるという。いつの日かではなく、できるだけ早く始めたいと心は変わっていたが、今すぐという心算《しんさん》はなく、とりあえず見学しようという軽い気持ちで出かけた。

その物件は沼津駅から近い商店街の外れの、静かな場所にあった。周囲には住宅も多く人々の暮らしが感じられ、商業地にありながら穏やかな空気が流れる理想的な立地。

入った瞬間、この場所で雑貨屋をやっている自身の姿が想像できた。ここならきっと、自分の歩幅でゆったりとできる。内見した帰り道、雑貨屋を始めることをひとり決心していた。

家に帰り、早速家族に今すぐにでも雑貨屋を始めたいこと、それにふさわしい理想的な物件が見つかったことを伝えた。夫は驚くこともなく、背中を押してくれた。

「へー、雑貨屋なんだ。ずっとランチの試作してたから、てっきりカフェやるのかと思ってたよ。いいじゃん」

両親に相談すると父は賛成してくれたが、母は猛反対。しかし、もうすっかり店を始める気でいた私は、どうしても諦めることができなかった。

「とりあえず半年間だけやらせてください。その間に一ヶ月でも赤字になったら閉めるから、お願いします」

私を心配して反対してくれた母の優しさを、今なら十分に理解できる。けれども、どうしても店を始めたかった。明日はないかもしれない、そんな心境だった。

本気が伝わったのか、母も渋々ながら承諾してくれた。

長女を出産した年、東京時代の親友が男の子を授かり、彼女はその子を晴《はる》くんと名づけた。晴くんはダウン症で、私が知っているどの子供よりも素直で優しく、穏やかな心の持ち主。晴くんのようなあたたかい人が集まる店にしたいと、平和を願う気持ちを込めて、大好きな彼の名前からhalを店名にした。

出来上がった店名の描かれた看板を眺めながら、ふと幼少期の記憶が蘇ってきた。偶然にも、お買い物ごっこで使うわら半紙を買っていた近所の駄菓子屋の名前も**はる**だったことを思い出した。

もしかしたら半年後には閉店するかもしれない。ずっと続ける気持ちでいたけれど、いつ閉店してもいいように、内装にはほとんど手を加えず、什器《じゅうき》も簡単に運び出せる簡素なものにした。最初に仕入れた商品は、万が一閉店となった時、お世話になった人たちにお礼として渡すことを考えて選んだ。

勢いで店をやることを決めたが、母が猛反対してくれたことで抑制がきいて、最小限の出費で始めることができた。前向きではあるけれど、いつでも辞める覚悟もあり、パートタイムで働くような心持ちだった。

軌道に乗り始めた頃から少しずつ照明などの設備を増やしていったが、開店時に手に入れた什器を未だ大切に使っている。内装もほとんど手を加えず、開店した頃のまま。しかし今では、この簡素な設《しつら》えが大きな特徴のひとつになっている。

内装や什器を簡素にしたからこそ、雑貨たちが持っている魅力が一層引き立つ。意図してそうしたわけではなかったので、数年かかってようやくそれに気がついた。これを使ってほしい、身につけてほしいと真剣に選んだものたちが主役である。

若い頃からパンクロックが大好きで、今でもよく聴いている。いつか音楽好きの友人に
「私はパンク上がりだから」

と話すと、真剣な顔でこう言われた。

「パンクは心の持ちようだから、上がっちゃいけない。あなたは今でもパンクだよ」

自分自身でやることが、パンク精神の芯になるところ。下手でも拙くても、やってみること。周りに流されず、こうだと決めた道を信じて歩んでいくことが大事。

東京で出会った仲間たちから学んだパンク精神が、雑貨屋を始める時の原動力になった。そして今も変わらず、店を続けていく上でこの気持ちを大切にしている。パンクバンド、セックス・ピストルズの代表曲のひとつ「ゴッド・セイヴ・ザ・クイーン」の歌詞の一節「NO FUTURE」（未来はない）を心の中で

口ずさみながら、駄日なら半年で辞めてやると覚悟を決めて始めた店が二十年以上続いていることが、なによりのパンクかもしれない。

沼津だから雑貨屋を始めた

子供ができてなかなか東京に行けなかった頃、雑誌でほしい雑貨を見つけると、巻末に載っている店舗一覧で電話番号を調べ、その商品を扱っている店に通販してもらえないかと電話をかけていた。まだネット通販はおろかインターネットさえも普及しておらず、子育て中の私には、それしか好きな雑貨を手に入れる方法がなかった。

東京にいたら好きな雑貨が簡単に手に入るけれども、地方で暮らしているものにはそれが難しい時代だった。ほしいものがいつでも買えるのが当たり前だと思っていたが、それがどんなに恵まれたことだったかを、子育てしながら心底感じていた。

同じ思いの人がきっといるはず。そう考えたことも、カフェではなく雑貨屋を始めた動機のひとつだった。

もし東京で暮らしていたら、雑貨屋を始めることはなかっただろう。東京には好きな店がいくつもあったから、自分で始めようという考えには及ばなかったと思う。沼津に戻ってからずっと、大好きな東京の雑貨屋が恋しかった。近くに好みの店がないのなら自身で作ろうという気持ちが、無意識のうちに募っていたのかもしれない。お客さんのために品物を並べるのだけれど、ほしいものが手軽に買えたらいいなという思いがあった。

地方で暮らしていたこともうひとつ、経営についてよく知らなかったことも大きかった。表参道の店で数年間働いていたから、まったくの無知というわけではないが、給料をもらう立場だったので、経営するというのがどういうことなのか、よく理解していなかった。商品の仕入れや支払いなど、基本的な流れやお金にまつわるあれこれを、ひとつも知らなかったから始められた。もしもその大変さや煩雑さを経験していたら、店をやりたいとは考えなかっただろう。

失敗しながら経験を重ねていくことは大変ではあるが、それが店を持つ楽しさ。主婦がひとりで営む店というと、優雅にのんびりやっていると思われることも多い。私自身も、始める前はそんなに大変ではないだろうと考えていたが、いざ開店してみるとやることが細々《こまごま》と無数にあって、とても驚いた。

しかもそれを、たったひとりでやらなければならない。ひとりでやるというのは、助けてくれる人はいないということ。しかし始めてしまったからには、面倒だからと投げ出すわけにはいかない。

手探りで、とりあえずやってみることを大切にしてきた。ひとつひとつ経験しながら続けていくことで、初めて自分のものにできる。

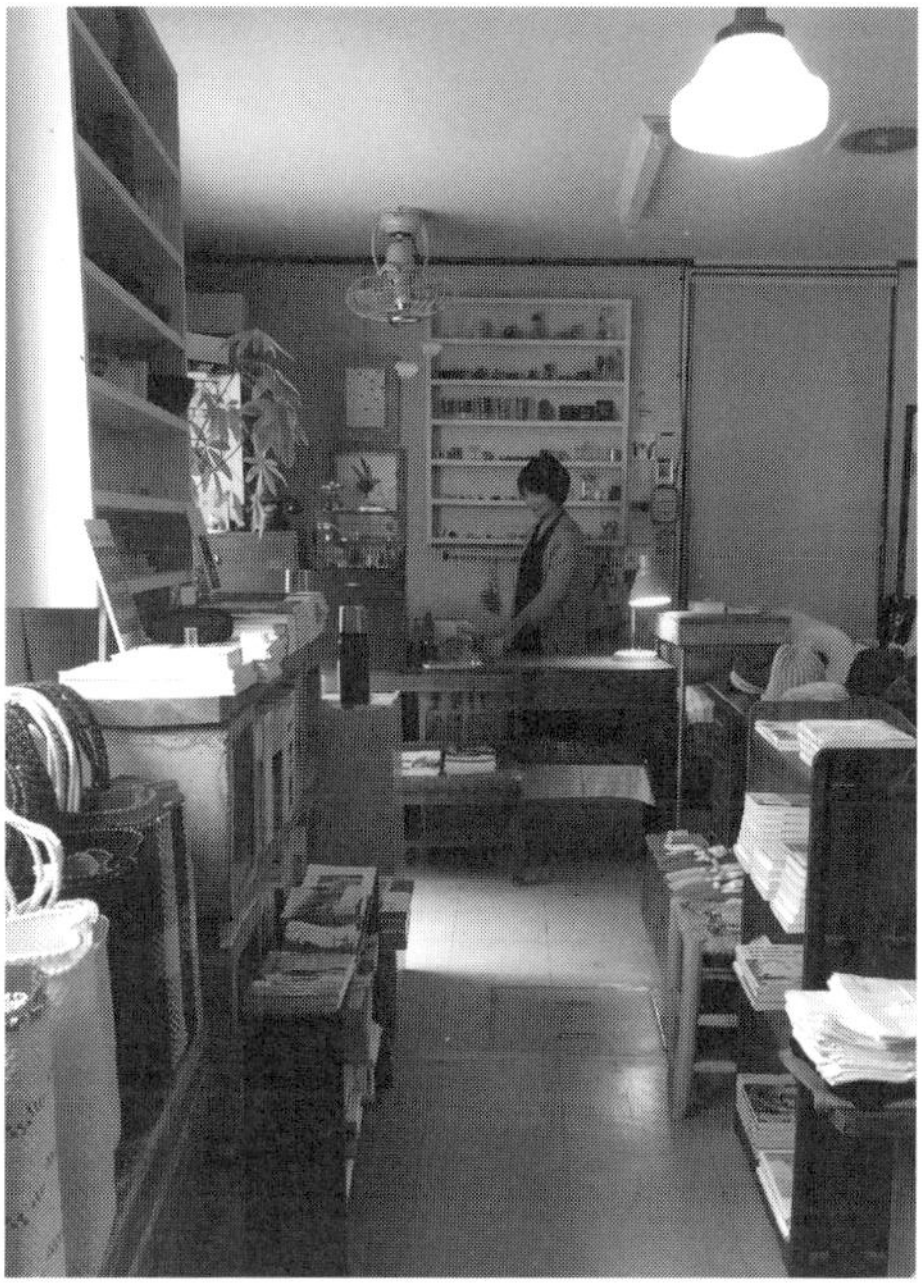

ご縁がすべて

店を始めるにあたり、肝《きも》になるのが商品選び。売れることも重要だが、好きなもの、実際に使ってみて心地がよいものだけを並べたい。そう考えた時、何人かの作家たちの顔が脳裏に浮かんだ。

表参道で働いていた頃に仲よくなった中に、もの作りを始めた友人が何人もいた。近くの店で働いていた仲間が、偶然にも作り手になっていたのだ。彼女たちに真っ先に連絡して、商品を卸してもらうことにした。

幸運にも、東京の頃の仲間たちとの繋がりで、好きな商品を並べることができた。ただ東京で暮らしたいという気持ちだけで沼津を出て、なにも得ることなく帰ってきたと思っていたけれど、東京での六年間は決して無駄ではなかった。この時ほど、ご縁がすべてだと感じたことはない。これまでの人生で出会った仲間たちは一生の宝物。

好きな雑貨を卸している会社にも電話をかけて、商品を扱わせてくださいとお願いした。それは長年愛用している、すこぶるいいものだった。

いいものであればなんだっていいという思いで商品を選んだ。ちょっとややこしいが、なんでもいいとは違う。洋服や本も並べていて、雑貨という言葉では括《くく》れないものでも、なんだっていい。しかし、実際に試してみてこれはいいものだから使ってほしい、身につけてほしい、読んでほしいと心の底から思えるものしか扱わないようにしている。自身が店に並べるものたちの一番のファンでありたい。

長く使い続けたいと思えるものか、それを真剣に考えて商品を選んでいる。マーケティングはまったく考えていないので経営者としては失格だが、個人で営む店だからできることがあるはず。

世の中の多くの雑貨が、その商品自体ではなく、ブランドやメーカー、作り手の名前が前面に出ていることにも疑問を抱いていた。私はどこの商品かということよりも、そのものが持っている魅力に目を向けてきた。

だから、たとえ好きなメーカーの商品であったとしても、心に響かないものは置かないようにしている。その反対で、名前を聞いたことさえない未知のブランドやメーカー、作家であっても、光り輝くものであれば迷うことなく店頭に並べる。これからも自身の気持ちに素直に従い、本当にいいものだけを真《しん》摯《し》に選びたい。

口伝えで広がった

きっと沼津にも同じ思いの人がいるはずと始めた雑貨屋だったが、その予想は外れていなかった。一度訪れたお客さんが友人を伴い再び足を運んでくれて、少しずつその輪が広がっていった。

いいものを丁寧に扱っていれば人から人へ、口伝えで広がっていくことを実感した。それは嬉しい驚きだったが、その反面悪い噂も同じようにすぐ伝わってしまうということ。だからこそ、何度も通いたくなる店にしようと日々精進できた。

雑誌で紹介されたことも集客に繋がった。インターネットが普及する前は、雑誌が一番の情報源。最初の紹介記事をきっかけに、沼津にあるにもかかわらず取材依頼をいただく機会が増えていった。

できるだけ断らずに取材を受けたのは、雑誌に出たかったわけではなく、お金をかけずに宣伝できるという気持ちからだった。広告を出す金銭的な余裕はないし、不特定多数ではなく、私の店に関心を持ってくれる人たちが読んでいる雑誌で紹介されることが嬉しかった。

来店してくれた人たちの口伝えと、たまにいただく雑誌の取材、そうした積み重ねで、少しずつではあったが確実にお客さんは増えていった。

かつての私のように、雑誌で紹介した商品を通販してほしいとメールをくれる人もいた。時には都会で暮らす人からのメールもあった。どのお客さんの注文も等しく嬉しかったが、近くにたくさんの店があってものが溢れる都会の人から連絡をいただくようになった時は、ずっと続けてきた、流行にとらわれず本当にいいものだけを扱うという思いが伝わったような気がした。

店頭で実物を手に取って選ぶのが一番だけれど、それができない環境にいたから、通販のありがたさを痛感している。その手間や、ものが届くまでの時間も含めてが買い物であって、それがあるから一層、手に入れたものを愛おしく感じられる。そうして求めたものを愛用してくれる人がいるとしたら、こんなに嬉しいことはない。

店を始める前に母と、一度でも赤字が出たら辞めると約束したが、それを未だに守り続けている。たとえよく売れる商品があったとしても、一気に仕入れることはせず、無理のない数を注文しているのは、大きくしたいという気持ちが微塵《みじん》もないから。身の丈を知った上で、好きなものだけを丁寧に扱いたい。

売れ行きが好調なら、大きな店舗に移ったり、支店を出すのが当たり前で、拡大していくことが正しいと考える人が多いようだが、それとはまったく逆の考え方で店を続けてきた。

大きくなってはいないけれど、最初に考えていた理想の店の形には、少しずつ確実に近づいている。

本当に届けたいものだけが並ぶ小さな雑貨屋、ここを去るのは店を辞める時。
この場所で店主としての最後を迎えたい。

私の好きな二十の雑貨

器

村木雄児

小さな頃から料理が好きだった私は、いつしか食事の時間を彩る器に関心を持つようになった。我が家にはいろいろな器があるが、普段の食事で頻繁に手に取るものがある。それは村木雄児《ゆうじ》さんの作品。

作品展があると必ず訪れるほど好きだったけれど、好きすぎて自分の店でも扱いたいと直接お願いすることができなかった。そんな私を知って、村木さんと懇意にしている陶芸家の吉田直嗣《なおつぐ》さんがご縁を繋いでくれたのが始まり。

静岡県伊東市にある工房を訪れた時、職人気質でありながらいい意味で緊張感がなく、どこか懐かしさを覚えた。そんな長閑《のどか》な空気が流れる場所で作られた作品だから、普段使いの器として自然と手が伸びてしまうのだろう。

初めて村木さんの器がやってきた日のことは今でも忘れられない。店に並んだ様子を眺めているだけで嬉しくなって、知らぬ間に涙が溢れていた。嬉し涙はいいものだと教えてくれた器でもある。

黒い陶器　吉田直嗣

作品や商品を扱ってほしいと連絡をいただくこともあるが、提案いただき扱いを決めたのは、後にも先にも陶芸家の吉田直嗣さんただひとり。

実際に使ってみて、本当にいいと思ったものだけを店に並べている。それは、その魅力を理解したものでないと、お客さんに心から薦めることができないから。どんなにいいものであっても一目惚れすることはほとんどなく、じわじわと好きになっていく。しかし吉田直嗣さんの黒い陶器だけは違っていて、見た瞬間、店に並べたいと思った。

後日、地元が一緒でしかも同じ中学出身、共通の友人もたくさんいることがわかった。しかし同郷だからその作品に共感できるとは限らない。その陶器には、同じ土地で育ったという親近感ではなく、特別ななにかがあると感じた。

使ってみて、その直感は間違っていなかったことを実感した。吉田さんの作品は黒と白だけ。ゆえに盛りつけた時に料理の本質があらわになる、特別な器。

鉄化粧の器　小野哲平

表参道で働き始めた時、初めての給料で買った店の商品が陶芸家・小野哲平さんの器だった。手に入れた日から日々使い続けているのは、とにかく心地いいから。

雑貨屋を始めた時も、店に置きたいと思った器は哲平さんの作品。哲平さんは高知の山あいにある工房で、一見無骨ながらあたたかい器を作陶している。その作品は素焼きした器に酸化鉄を塗り、その後、灰色の釉《うわぐすり》をかけ指跡をつける、鉄化粧と呼ばれる技法で作られる。

見えるところにだけ釉をかけるのが一般的だが、哲平さんは底面など見えないところまでしっかりとかける。そのため食卓に置いた時や手に持った時の肌触りが心地よい。

それは哲平さんそのもの。厳格で無骨に見えるが、話してみるととても優しく柔らかい。その人柄が、器の佇まいにはっきりと表れている。

ポット　田谷直子

陶芸家の村木雄児さんの工房を訪ねるようになった。何度目かの訪問時、村木さんの後輩の陶芸家、田谷直子さんも顔を見せていた。作品をいくつか持参していたので見せてもらったのだが、その美しい佇まいに惹かれた。

せっかくの機会だからと、作陶するところを見せてもらえることになった。これまで何人かの陶芸家を見てきたが、田谷さんほどゆっくりゆっくりろくろを回す人はいない。粘土を慈《いつく》しむように、時間をかけて丁寧に作陶する姿を、時も忘れて見惚れていた。

殊《こと》に好きなのがポット。端麗かつ絶妙な大きさで使いやすく、中の茶こし穴まで美しい。そして液だれしないところも心嬉しい。ポットは簡素な器に比べて作るのに手間がかかるものだけれど、求めやすい価格であることにも驚かされる。

田谷さんがゆっくりゆっくりろくろを回す姿を思い出しながら、毎日このポットで地元静岡のお茶をじっくり淹《い》れている。

丼　濱田窯

手作りの器は、工業製品と違いひとつひとつ形が違うところが味わい深い。しかし、北九州市に工房を構え陶器と磁器を作っている濱田正明さん・陽子さん夫婦の濱田窯の器は、ろくろを回して作ったとは思えないほど均一で、かつ美しい形をしている。

たとえば蕎麦猪口《そばちょこ》を積んで置いてみるとその正確さがよくわかる。料理家・渡辺有子さんの著書『普段の器』の表紙にも濱田窯の蕎麦猪口がつつましやかに置かれていて、その端正な姿に目がいってしまう。

もうひとつのお気に入りが丼《どんぶり》。丼はたいてい重いものだけれど、濱田窯のものはとても軽い。飯碗のように手に持ったまま食べることもできるし、洗った後に片手で水切りかごに伏せられるほど。鉄火丼、親子丼、うどん、ラーメンなど、様々な料理で濱田窯の器が大活躍してくれる。

美しいだけでなく、軽やかで手軽に扱えることはとても大切。まさに用の美を体現した器である。

カフェオレボウル

浅井純介

展示会で作家を目の前にすると、容易《たやす》く声をかけられない。店に置きたいと話しかけたいのだけれど、好きであればあるほど緊張してしまう。

しかし浅井純介さんには、初めて作品展を訪れた時から不思議と話しかけることができた。大好きな陶芸家にもかかわらず話すことができたのは、浅井さんが醸《かも》す気さくな人柄を感じたからかもしれない。

東京で働いていた頃、鎬《しのぎ》の入った浅井さんの粉引《こひき》のカフェオレボウルで毎朝コーヒーを飲み、おやつにヨーグルトを食べ、夕食にはスープを飲んでいた。秋になると栗ご飯を炊いて、浅井さんのカフェオレボウルによそって食べた。栗ご飯を盛るのにいつもの茶碗ではちょっと小さく、この大きさがぴったりだった。

今も変わらず慣用する日常の器。鎬が入っているのでとても持ちやすく、手にしっくり馴染む。そんな器を作っている人だから、初めて会った時から声をかけることができたのだろう。

プレート　yumiko iihoshi porcelain

イイホシユミコさんはプロダクトの量産品の器を作っている。私は個性があるものが好きだけれど、手作りに拘《こだわ》ってはいない。作り手の気持ちがしっかり感じられるものであれば、作家ものであろうとプロダクトであろうと、分け隔てなく使い、店に並べている。

量産品でありながら、もの作りに対する志があることが、器だけでなく商品を梱包する包装資材にも表れている。イイホシユミコさんは器作りを始めた頃、東京下町にアトリエを構えていた。近隣には様々な町工場があり、その中に化粧箱を作る小さな工場があった。そこで専用の収納箱を作ってもらい、製品を箱入りで納めることを思いついたそう。

陶磁器は割れないようしっかり梱包されて送られてくるので、どうしても緩衝材がゴミになる。イイホシユミコさんがデザインとプロデュースを手がけるブランド・yumiko《ユミコ》 iihoshi《イイホシ》 porcelain《ポーセリン》 の器は専用箱に収納されてくるのでゴミが出ることもない。その箱も器と同様に、簡素ながら美しい。

うすはり　松徳硝子

今や一般名詞化したうすはりは、大正時代から東京下町でガラス製品を作り続ける松徳硝子《しょうとくガラス》のグラス。元々は電球用のガラスを作っていたが、その技術を生かしてグラスを手掛けるようになった。薄手で口当たりが最高に心地よいグラスは、最初の一杯を飲む一口ビールグラスに最適と、地元の料亭や割烹《かっぽう》からたくさんの注文が入ったそう。

以前、工場を見学させてもらったことがある。全身に汗しながら真剣な眼差しで、ひとつずつ丁寧に手吹きして仕上げていく職人の姿は、このグラス同様にとても美しかった。

我が家は様々なグラスを並べているが、息子は小さな頃から必ずこのグラスを選んでいた。いつもうすはりで牛乳を飲んでいるので、ある時どうしてこればかり選ぶのかを尋ねてみた。すると、これで飲むと美味しいからという至極純粋な答えが返ってきた。きっと理屈では語れない気持ちよさが、このグラスにはあるのだろう。

木の皿　山口和宏

木の器の魅力は、使うたび味わい深くなるところにある。とりわけ山口和宏さんの作品は、料理を盛りつけるたびに美しさが増していき、器と一緒に時を刻んでいることを実感する。

皿、トレイ、カッティングボードなどいろいろなものを使っているが、どれも手触りがよく、その器に盛りつけると、料理さえも和み寛《くつろ》いでいるように見える。和洋中問わずあらゆる料理を包容してくれる、懐の深い器である。

福岡県うきは市の山あいで木工を続けている山口さんは、柔らかく穏やかな風のような人柄。きっと仙人みたいな暮らしをしているのだろうと想像していたが、展示会でゆっくり話をした時に「作業する時はヒップホップなんかをよく聴いてますよ」と聞いて、親近感を覚えた。そして、山の中の工房でビートに合わせて製作する姿を頭の中で描いた。作品からは想像できないそのギャップも、とてもチャーミング。

バターケース　三谷龍二

小野哲平さんの器ともうひとつ、働いていた店の商品の中にどうしてもほしいものがあった。蓋にBUTTERと彫られた木のバターケース。三十年以上前に手に入れたもので、今も大切に使い続けている。それは、今や手に入れることが難しくなった木工作家・三谷龍二さんの作品。

画材店で偶然手にした一本の彫刻刀がきっかけで木と出会い、木工作家になった三谷さんは、ずっと同じところに留まらず、常に新しいことを続けてきたように思う。三谷さんが仲間たちと始めたクラフトフェアまつもとは今日《こんにち》、日本最大級のクラフト市になった。

六十歳を迎えた時、長野県松本市にあるかつて煙草屋だった古い一軒家を改装し、小さな店・10cmを始めた。挑戦を続けるその姿勢は、人生の先輩として見習うべきところがたくさんある。お会いするたびますます生き生きとしていて、いい歳の重ね方をされているなと思う。

漆椀　赤木明登

漆器《しっき》は、たとえ褪《あ》せても漆《うるし》を塗り直せば孫の代まで使うことができるもの。長いつき合いになるものだから、本当に気に入った漆器を大切に使いたい。

赤木明登《あきと》さんの漆の汁椀を二十年近く使っている。赤木さんは出版社で編集の仕事をしていたが、輪島塗《わじまぬり》と出合い石川県輪島市に移住、修行ののちに塗師として独立した経歴を持っている。伝統技法をしっかり継承しながらも、新しい視点で作られた現代的な漆椀は、すっかり私の暮らしに欠かせないものになった。

少しだけ褪せてきたので塗り直しをお願いした。驚くことに、赤木さんは自身の作品であれば無料で漆の塗り直しをしてくれる。万が一、欠けたり割れたりしても修繕できるという。

塗り直しをお願いした漆椀は、新品かと見間違えるほど美しい姿で我が家に戻ってきた。よく一生ものというが、赤木さんの漆椀こそ本当の一生もの。いや、きっと私よりも長生きする、世代を継ぐものだろう。

カトラリー　カイ・ボイスン

小さな頃、近所にあるホームセンターに家族で買い物に出かけると、まっすぐカトラリー売り場へ向かった。その頃から、いろいろな形のスプーンやフォークやナイフを眺めるのが大好きだった。

一見同じように見えるけれど、よく観察すると少しずつ大きさや形が違う。数ある中から、好みの一本を選び出す遊びをしていた。それを買ってもらうことが目的ではなく、ただ好きな形を選ぶだけ。もしかしたら、その遊びが雑貨屋の原点かもしれない。

店を始めた頃からカトラリーを扱いたいと理想の形を探していて、その中で出合ったのがデンマークデザインの第一人者、カイ・ボイスンのもの。無駄を省いた簡素で美しい意匠《いしょう》は、見栄えがいいだけでなく最高に使いやすい。

子供二人が成長し、家を出てひとり暮らしを始める時に持たせたものがいくつかある。私は二人の荷物にこのカトラリーを忍ばせた。離れて暮らしていても、今も家族皆の食卓を彩っている。

ベトナムの水牛角のサーバースプーン

表参道の雑貨屋を辞めた後、そこで働き始めた田中博子さん。その後、彼女はベトナムに移住し、現在は手刺繍《ししゅう》のコーディネートをはじめとする手工芸に携わっている。

博子さんが紹介してくれた商品の中で一番のお気に入りは、ベトナムの職人が水牛の角を使い手作りしたサーバースプーン。

カトラリーには思い入れがあり、頭の中にそれぞれの理想の形がある。たとえば、サーブのために使う大きなスプーンは、市販のものはどれも柄の部分が長すぎて盛りつけの時に邪魔になる。些細《ささい》なことだが、不満を解消してくれる形に出合うことはなかった。

彼女にこんなサーバースプーンがほしいんだよねと話をしたところ、それを作ってもらえることになった。そうして完成したのがこの水牛角のサーバースプーン。ほんの少し形を変えただけで利便性や魅力が何倍にもなる、そのことを実感したスプーンである。

ナンシー関のうさぎ柄の手拭い　かまわぬ

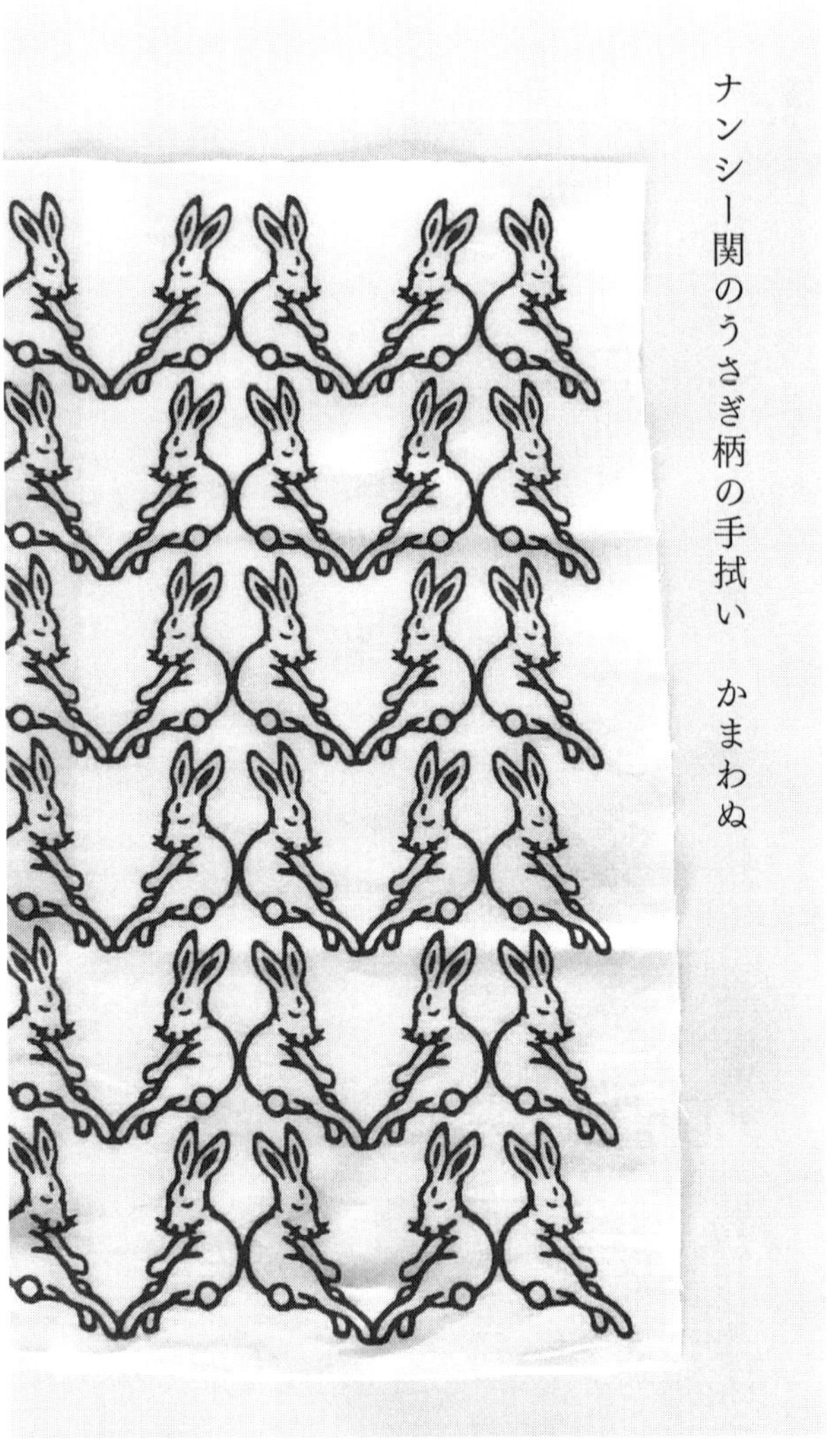

消しゴム版画家・ナンシー関さんの作品展を訪れた。最初はひとつひとつ眺めて、感心したり笑ったりしていたものの、膨大な作品と人の多さに疲弊《ひへい》してしまった。休憩しようと物販コーナーに移動すると、数々並ぶグッズの中から手招きするものがある。それは、どこかふてぶてしくも愛らしいうさぎが一面にあしらわれた手拭い。

随分と気に入り、使っては洗いを繰り返していた。しかし、まったくへたらず丈夫で、洗濯して軽く絞って干しておけばアイロンをしなくてもピンとなるところも重宝した。

本染め手拭いを作るかまわぬの方とお会いした時に、愛用しているこの手拭いを見せたところ「うちの手拭いですよ」と言われ驚いた。さらには、型があるので百枚染めれば復刻できるという。この手拭いを定番として扱い続けているのは、おそらく私の店だけだろう。オリジナル商品ではないが、すっかりそんな気持ちでいる。

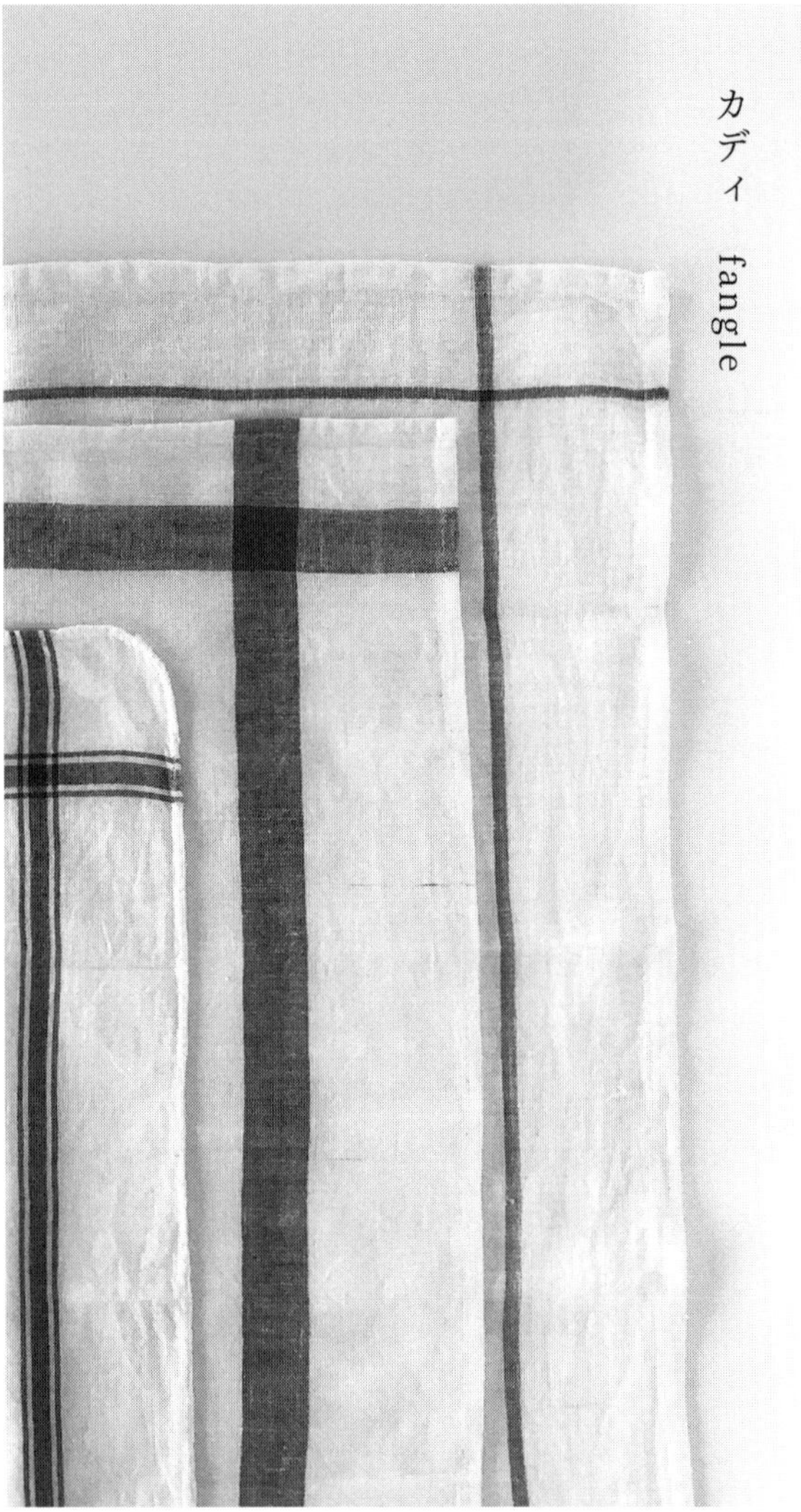

カディ　fangle

古道具、アンティーク家具、雑貨などを扱う大好きな店が奈良にある。藤島智宏《ともひろ》さん・多恵《たえ》さん夫婦が営むfangle《ファングル》。レコードで音楽がかかる美しい店内に並ぶ、ふたりのお眼鏡にかなった世界中の品々を眺めていると時間を忘れ、遠い国のアンティークマーケットに迷い込んだように錯覚する。

インドで作られるカディを扱っていて、私の店にも卸してもらっている。カディは手で紡いだ糸を使い、手織りで作られる布。すべての工程が手作業なので、作るのに数ヶ月もかかるそう。そのため不均一であるが、それがカディの魅力。最高の肌触りで、不均一であるがゆえに吸水力に優れており、驚くほどすぐ乾く。

毎年fangleからカディのハンカチやテーブルクロスが届くのを心待ちにしている。ひとつとして同じものはないカディ、少しだけいびつだったりするけれど、そこに人の手でひとつひとつ作られたぬくもりを感じる。

ルームシューズ　藤原千鶴

表参道で働いていた頃、近所にあったZakkaという名の雑貨屋に通っていた。当時、その店のアルバイトスタッフは三年で卒業するのが決まりで、皆が将来の目標を持ち、それを目指しながら働いていた。

雑貨屋で働く同世代ということで意気投合し、仲よくなったスタッフが何人もいる。その中にZakkaを卒業した後、ルームシューズを作り始めた女の子がいた。店を始める時、商品を卸してくださいとお願いしたひとり、ルームシューズ作家の藤原千鶴さん。今も変わらずルームシューズを、ハンドメイドで作り続けている。

文化服装学院で服飾を学んだ後、Zakkaで働きながら靴の教室に通っていた千鶴さんのルームシューズは、かかとまですっぽりと足全体を優しく包み込んでくれる。旅に出る時は必ず鞄に忍ばせる。驚くほど軽やかで心地よく、宿泊先でこのルームシューズに履き替えるだけで足の疲れがみるみるほぐれていく。シリアル番号がついているところも愛着が湧く理由のひとつ。

ワンピース　ao

新潟県糸魚川《いといがわ》市にある縫製工場で、ガーゼの洋服や日用雑貨などを作っているao。生地を重ねることで空気の層が生まれ、それにより暑い時季は汗をよく吸い、寒い季節は中に一枚まとうと保温性が高まる、嬉しい素材。扱いを始めて数年が経った頃、嬉しい提案をいただいた。

「ガーゼを使って、コラボレーションの洋服を作ってみませんか？」

その心地よさに感銘を受けていた私は、ぜひ作らせてくださいと即答した。同じ頃に店を始めた友人が、積極的にオリジナル商品を発売する頼もしい姿を見て、自分の企画した商品を作ってみたいという気持ちが芽生えていた。デザインをしたことはなかったが、こんな服がほしいというイメージはずっとあたため続けていた。頭の中だけにあった設計図を丁寧に形にしていただき、念願だった初めてのコラボレーション商品が完成した。一生大切にしたい、理想を詰め込んだ記念のワンピース。

革財布　CINQ

東京で出会った仲間に、店を始めた友人が何人かいる。雑貨屋を始めた保里《ほり》享子《きょうこ》さんもそのひとり。現在は吉祥寺に店舗を構えているが、最初は原宿と渋谷の間にあるビルの五階に、フランス語で5を意味するCINQ《サンク》を名に冠した雑貨屋を開店した。

halはその半年後に開店した。東京時代の仲間が雑貨屋を始めたことに勇気づけられ、店を開く大きな原動力になったのは紛れもない。

開店当初から享子さんはオリジナル商品を作っていて、素晴らしいものばかりだった。ずっと卸してもらっていて、中でも革財布は欠くことなく扱い続けている、私の店にとってもなくてはならない定番のひとつ。

削ぎ落とされた無駄のない美しい意匠かつ、どの商品にも工夫が凝らされていて、とても使いやすい。使う人の目線で作られた、ありそうで他にない商品は、たくさんの本物に触れてきた享子さんの経験が活かされている。

オリジナルトートバッグ　松野屋

店を始める時、作家ものだけでなく普段の暮らしで気軽に使える日用品も並べたいと考えた。せっかくなら、本当に使い心地がいいものを扱いたい。

当時愛読していた雑貨を紹介する雑誌・雑貨カタログは、郵便で通販の申し込みができるようになっていた。子供が生まれたばかりで買い物に行く余裕がなかった頃はその通販がありがたく、頻繁に利用していた。

よく注文していたのが、東京下町の馬喰町《ばくろちょう》で生活雑貨を商う松野屋のものだった。日本の伝統的な日用道具から、世界中で買いつけた雑貨まで一同に揃うのが松野屋の魅力。松野屋の社長・松野弘さんの審美眼で選ばれた品々は地に足がついていて、基礎を守ってくれる存在である。

中でも思い出深いのは、一緒に作ったオリジナルトートバッグ。イラストレーター・石坂しづかさんにシンプルな格子模様を描いてもらい、松野屋の帆布生地のバッグに印刷したもの。

ワンピース　フォグリネンワーク

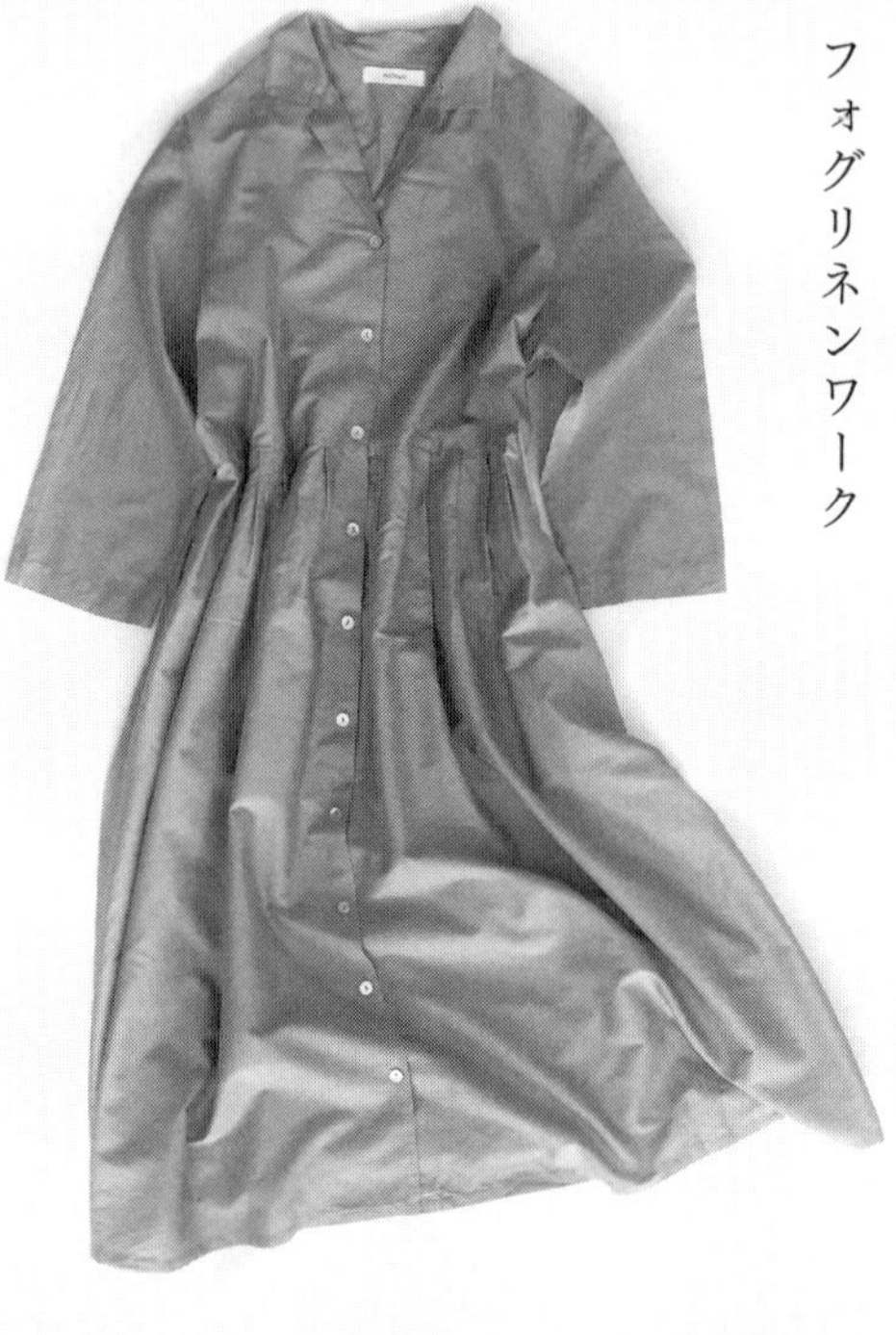

作家もの以外に商品を扱いたいところがもうひとつあった。それはリネンで洋服や雑貨を作っているフォグリネンワーク。長年愛用していて、この気持ちよさを皆に体感してほしいと思った。

aoと一緒にワンピースを作った数年後、フォグリネンワークのオーナーの関根由美子さんからもコラボレーションの洋服を作る企画にお誘いいただいた。料理家やアーティストなど、いろいろな人と一緒に服を作っていて、嬉しいことに私にも声をかけてくれたのだ。そして後述（第三章「作りたいものがあった」）のような過程を経て、念願のワンピースが完成した。

フォグリネンワークは毎年新しい生地を発表していて、このワンピースも数年に渡り新色で作っている。南インドの日常着の生地・ルンギを使い様々なアイテムを展開する姉妹ブランド・miiThaai《ミーターイー》でも製作いただいた。

こんなにも長く作り続けられる服を企画できたことが嬉しく、私の中で小さな自信になった。

LOVE,
SOUL LIGHTS

第三章

笑顔で暮らすために

夕方前に閉店する雑貨屋

実家がそうだったように、母親として家族で夕食を囲むことを大事にしてきた。だから店を始める時も、それを続けることを前提に営業時間を決めた。今は子供が育ったので、営業時間を長くすることもできなくはないが、そうするときっと生活の歯車が少しずつ狂っていくだろう。

大病をしたことも影響している。長く続けていくために、身体と心が充実して、楽しくできることを一番に考えた。短い営業時間で、お客さんに迷惑をかけていることは重々理解している。しかし無理はしないと決めたから、今も楽しく続けられている。

この数年で、世の中の風向きが変わった。世界的な感染症の流行で、働くことの意味を、一度立ち止まって考えざるを得ない状況になったことが大きいのかもしれない。以前は、無理をして働くことを美徳とする文化が日本にはあったように思うが、効率よく働き自分のための時間を充実させたいと考える人も増えた。感染症の流行は悪いことばかりだったが、こうした新しい流れを生み出した点はよかったと思う。

私と同じように、自分のできる営業時間で店を始めた人もいる。きっと各自の生活様式に合わせて仕事することが、世の中に認められ始めたのだろう。

子供二人が大きくなって家を出て、今は四人が揃って夕食を食べることが年に数回になった。そうなって初めて、家族で食卓を囲んできた時間がかけがえのない宝物だったと気づいた。母親としてそれくらいしかできなかったけれど、いつか子供たちが食卓の時間を思い出す日がくるといいなと思っている。

どんな小さな社会にも、小さな争いごとがある。思いがうまく伝わらず、苦《く》汁《じゅう》をなめることもある。そんな時、相手をすべて理解できなくても、尊重することはできる。

そんなことを考えながら、お客さんに笑顔になってもらえるように、今日も小さな店に立つ。店が終わったら家族のために夕食を作る。世界を平和にすることはできなくても、周りから争いごとをなくして、毎日笑顔でいたい。

店主としては五十点、母親としても五十点。でも、それでいいと思っている。

私なんかをやめた

店を始めて数年経った頃、友人から誕生日プレゼントに手相占いのチケットをもらった。それはイエロー・マジック・オーケストラの初代マネージャーを務めていたことでも知られる、手相占い師・日《ひ》笠《かさ》雅《まさ》水《み》さんに見てもらえるものだった。

雑誌はいつも占いページを飛ばして読んでいて、手相を見てもらうなんて一度も考えたことはなかった。しかしこれもなにかのご縁かもしれない、そう考え、いただいたチケットで人生初の手相を見てもらうことにした。

手相を見てもらう時、無意識に指を曲げていた。それを見た日笠さんはすかさず私に尋ねた。

「あなた、自分に自信がないでしょう？」

「ないです。まったく自信ないです」

そして日笠さんはこう続けた。

「あなたは本来いいものを持っているのに自身を押し殺してしまっている。自分に言い訳をして、やっていないことがいっぱいあるでしょう？」

確かに、まだ子供も小さくて時間がないと、仕事を断ってしまうことがたくさんあった。

「すべてをとっぱらって、大空に羽ばたいてみなさい。そうしていたら、これからきっと大きなことが起こるから」

日笠さんはもう一度、手の平をじっと見て、最後にこう加えた。

「この先ものを作るようになると思う。あなたは創作に長《た》けた手相をしているから、それを生かせる仕事がきた時には、断らずにやってみなさい」

その時、作りたいものはなにひとつ思い浮かばなかった。続けていきたいのは、いいものを厳選し、それを皆に使ってもらうこと。だから、雑貨屋の店主である私がもの作りに携わることになるとは、にわかに信じられなかった。

何事にも自信が持てず、私なんかと思いながら生きてきた。まだ占いは信じていなかったが、日笠さんの言葉は素直に心に響いた。

その日から、私なんかと言うのをやめることにした。私がやっていいのだろうかと思い断っていた依頼も、これからは言い訳しないで、流れに身を任せて乗ってみよう、そう考えを改めることを決めた。

流れに身を任せて

ある編集者から、新しく創刊する雑誌の出演依頼がきた。話を聞くと、スタイルのいいモデルではなく、身長一五三センチで、地方で雑貨屋を営む二人の子供を持つ私のような、ごく普通の人たちが登場するファッション誌にしたいという。

私なんかをやめて、流れに身を任せることを決めていた。それでもまだ心のどこかで、本当に私でいいのだろうかという思いがあった。しかし、店にとって新しいなにかに繋がるかもしれないという前向きな気持ちが芽生えていた。

雑誌の見本が届き表紙を見た瞬間、とても驚いた。店の前で撮影した普段着の私の写真が表紙になっていたのだ。表紙になるとは聞いていなかったので、驚きを通り越して、果たして大丈夫なのだろうかと心配になった。きっと雑誌を見た人は「この人、一体誰？」と思うに違いない。

誰も知らない私の写真が表紙になった雑誌・ナチュリラは好評だったようで、創刊号以降も続けて出演することになった。気がかりだった否定的な声も届くことなく、ひと安心した。

それどころか、とても嬉しい出来事があった。地方でひとり雑貨屋を営む子育て中の私に親近感を覚えた人が多くいたようで、雑誌を見て全国各地から沼津まで足を運んでくださるようになった。

中には、店を開きたいけれどなにから始めたらいいかと相談するお客さんもいた。なにも教えることはできないが、手探りで続けてきた私には

「とりあえず無理なくできる範囲で始めてみたら、なんとかなりますよ」

と背中を押すことはできた。

なんの責任もない身勝手な言葉だとは思うけれど、そうやって店を始めて、

未だに続いている。育児中のわがままで、夕方前には閉店してしまう店にもかかわらずお客さんがいらしてくれる。

お母さんだから子育てをちゃんとしなきゃいけない、そんなふうに悩んでいる人にいつもこう話している。

「育児も家事も、ちゃんとしないで大丈夫です。愛情さえたっぷりあれば、手が抜けるところはできるだけ抜いてください」

そうすることで心が軽くなり、店を始めるための一歩を踏み出す人が増えたら嬉しい。

地方で暮らす子育て中のお母さんたちが、できる範囲で好きなことを始めたら、町は生き生きするし、お母さん自身も楽しく豊かに過ごせると思う。大変なこともあるけれど、身も心も健康でいられる。開業にあたり、資金や周りの協力は必要である。しかし、その環境を整えることができるのなら、なにもわからなくても、まず始めてほしい。

かつての私は、店をやりたいのに、やらないための言い訳を集めていた。それをやめて、自信もなく無知のまま走り出した時から、風景は変わっていった。きっと傍《はた》から見たら、なにひとつ変わっていないだろう。自分が変わらなければ、世界は変わることはない。

雑誌に出たことをきっかけに、書籍の執筆依頼をいただくようになった。流れに身を任せることを決めていた私は、書ける内容であればできるだけ断らず依頼を受けることを決めた。気がつけば、年に三冊の書籍を執筆することが三年ほど続いた。これまで十九冊の本を上梓《じょうし》し、さすがにもう書けることもほとんどなくなってしまったが、こんなにたくさんの書籍を出せるとは想像もしていなかった。

これまで出した書籍はすべて、こんな本を出しませんかと企画を提案いただき、執筆したものだった。しかし本書は、初めて本を出したいと自ら声を上げて作った。

店を始めて二十年が過ぎた。二十年目、二十冊目にして、私なんかではなく、私だから伝えられることがあるかもしれない、ようやくそんなふうに思えるようになった。

作りたいものがあった

店を始めた頃からずっと洋服や生活雑貨を卸していただいているフォグリネンワークの関根由美子さんから、こんなお誘いをいただいた。

「少し前から料理家やアーティストなど、いろんな人と服を作っているんです。後藤さんも一緒に作ってみませんか」

それを聞いた瞬間、あるワンピースを想像した。

「ずっとほしいワンピースがあって、それを作りたいです。こうしたいという形は頭の中にあるので、それを作らせてもらえませんか」

古いフランス映画の中で着ているような開襟《かいきん》で、半袖だけれどしっかりと二の腕が隠れる袖丈、そして脚も隠れるロング丈。歳を重ねて体型も変化してきた、身長が高くない私が求めていたのは、そんなワンピースだった。すらりとしたモデルが身につけた姿を見て、素敵だなと思う服を私が着ると違うものになってしまう。けれど頭の中でずっと想像していたワンピースなら、引け目を感じている部分をうまく隠してくれるはず。

東京で働きながら通った専門学校では、ファッションコーディネーター科とスタイリスト科の授業しか受けていなかった。しかしこの時は、私なんかとという気持ちが起きることなく、こんなワンピースがほしいとはっきり伝えることができた。

トントン拍子に話は進み、理想のワンピースを商品化してもらえることになった。店の商品選びと同様、流行りを追いかけることとは遠く離れたところで、長く愛されるものを作りたいと考えたが、それを形にできたと思う。多くの人が同じコンプレックスを持っていたようで、嬉しい共感の声をたくさんいただいた。

ワンピースが完成した時、ずっと前に手相占いの日笠雅水さんから言われた言葉を思い出した。作りたいものはなにもないと思っていたが、作りたいものがあったのだ。私なんかをやめたことで、多くの人に愛着してもらえるものをひとつ作ることができた。

雑貨屋のない街だからこそ

対談　長谷川ちえ×後藤由紀子

長谷川ちえ

広告会社や子供服メーカーに勤務した後、二〇〇七年、東京・蔵前で器と雑貨を中心に、暮らしの道具を扱う雑貨屋・in-kyo《いんきょ》を開店。二〇一六年、結婚を機に福島県三春町に移住・移転。エッセイストとしても活動している。主な著書に『おいしいコーヒーをいれるために』『ものづきあい』『むだを省く暮らしのものさし』『春夏秋冬のたしなみごと』『まよいながら、ゆれながら』『三春タイムズ』がある。

ちえさんは憧れの存在

後藤　ちえさんは、いろんな雑誌に出ているのを見て、知り合う前から一方的に知っていて、ずっと憧れの存在だったの。

長谷川　雑誌、そんなにたくさんは出てないよ（笑）。

後藤　いやいや、私が読んでいた雑誌にはほとんど出てたよ。

長谷川　初めての著書『おいしいコーヒーをいれるために』を出した後、いくつかの雑誌で取材いただく機会があって、それを見つけてくれたのかな。初めて会ったのは逗子にあったカフェ・coyaだったよね。

後藤　私もちえさんもお酒を飲んでいて、つい勢いで声をかけてしまったの。「いつも雑誌で見てます」って、なんの面識もないのに。

長谷川　東京と沼津、暮らしている場所は違っていたけれど、話してみると共通の友人がたくさんいることがわかった。coyaはふたりとも仲がよかった根本きこさんがやっていたカフェだし、それ以外にも同じような仲間が何人もいて、初めてなのにずっと前から知り合いだったような気持ちになった。

後藤　雑貨屋を始めて間もない頃だったけど、ちえさんは共通の友人から私の店のことを聞いて、知ってくれていたんだよね。

長谷川　そんなふうに偶然出会うことができて、ごっちゃんの店を見たかったからすぐ沼津に遊びに出かけて、温泉も一緒に行ったよね。

後藤　沼津から近い修善寺《しゅぜんじ》の日帰り温泉に一緒に行って、本当の裸のつき合いから始まったね。

下町風情が残る蔵前

長谷川　私はまだ雑貨屋を始めていなかった。それから四年後の二〇〇七年に東京の蔵前で、出版社の一角を間借りして雑貨屋・in-kyoを始めたんだけど、開店の日にごっちゃんが沼津から手伝いに駆けつけてくれたんだよね。

後藤　呼ばれてもいないのにエプロン持って「なんでもやるから」って、勝手に押しかけて。

長谷川　あの時は本当に嬉しかったし、雑貨屋の先輩のごっちゃんがいてくれて、安心して初日を迎えられたな。最初、出版社の一角で始めたから、自分の店を持つということが正直よくわかっていなかったかもしれない。

後藤　ちえさんがあそこで雑貨屋を始めたから蔵前に行くようになって、それまでほとんど訪れたことがない街だったの。

長谷川　今でこそ蔵前の周辺は次々と新しいお洒落な店ができて、街全体が活気づいているけれど、私が始めた当時は玩具問屋が立ち並ぶ、昔ながらの東京の下町だったから。

後藤　ちえさんがin-kyoを開店してから、蔵前界隈で店や事務所を構える人が増えたから、あの地域で新しい店を始めた先駆けだったと思う。

長谷川　意図して蔵前に店を構えたわけではないので、たまたま私が始めてから蔵前が変わっていっただけなんだけどね。

　その頃、文筆業をしていたんだけど、それ一本で食べていけるとは思っていなかった。文章を書くことは続けたかったので、それをやりながらひとりでできる仕事はないかと考えていて、最初に思いついたのが雑貨屋だったの。いざ始めてみたら、とても両立することなんてできない、大変な仕事だとすぐわかったんだけど(笑)。

　そんなことをぼんやり妄想していた時に、その当時、出版社アノニマ・スタジオの代表をしていた丹治《たんじ》史彦《ふみひこ》さんから、新しい事務所を探していて蔵前に面白い物件があるから一緒に見に行きませんかと誘われたの。丹治さんは私が初めて出した本の編集を担当してくれた方で。近くに隅田川が流れていて、静かでいい街だなと思った。静かというのは、寂しいという意味ではなくて、この街なら自分の速度でじっくりやりたいことができるという感覚だった。その時は物件見学に同行しただけだったのに、そんなふうに思ったんだよね。そこはかつて靴クリームの工場兼事務所だった建物。簡素ながら雰囲気がよくて、丹治さんに「この場所、すごくいいですよ」って熱弁していた。まさかそこで自分が雑貨屋を始めることになるとは、微塵も思っていなかったな。

雑貨屋のない街だからこそ

後藤　その物件にアノニマ・スタジオが移転して、そこで雑貨屋を始めないいかと、丹治さんから声がかかったのね。

長谷川　その物件の二階が事務所で、一階はキッチンスタジオとイベントなどに利用するスペース、その一角が私の店だった。

後藤　蔵前は、ちえさんの店に行くことはあっても、他に立ち寄りたいところはそんなになかった。だから最初は大変だったんじゃないかな。

長谷川　始めたばかりの頃、地元のおじいちゃんたちによく怒られていたな。「こんなところで雑貨屋なんか始めて、ふざけてんのか」って。皆江戸っ子だからそんな口調で、最初は怒っているのかと勘違いしてしまった（笑）。すぐに、こんな場所でやっても誰もこないぞと心配して言ってくれていることがわかったんだけど。口は悪いけど、街の人たちが優しくて、蔵前には下町のあたたかさが残っているんだよね。

後藤　私も沼津で店を始めた頃、通いたい雑貨屋がなかったんだけど、ないから自分で始めたところはあるな。雑貨屋がない街で始めたことは、ちえさんと似ているのかも。

当時の蔵前界隈は、地元の人っぽいおじいちゃんやおばあちゃんしか見かけなかったんだけど、ちえさんの店に行くといつもたくさんのお客さんがいるから、不思議な感覚だった。きっと皆もin-kyoを目指して蔵前にきていたと思うわ。

長谷川　店の場所だけでなく、扱う商品や提案の仕方も、わざわざ足を運んでくれた人に特別感を感じてもらいたいという気持ちはあったな。一番になりたいとか、そういうのじゃないけれど。

もし蔵前に似たような店があったら、絶対に始めようとは思わなかった。雑貨屋がたくさんある街で始めて、他店と対抗するようなことはできないかな。偶然だけれど、雑貨屋のない街でぽつんと始めたことが、私には合っていた。

無駄なことはなにもない

長谷川　文筆業を始める前、全国に何十店舗もある子供服メーカーで働いてたんだけど、その経験がすごく役立ったな。入社四年目から店長を任されて、店の運営はもちろん、商品の仕入れから日々の売り上げの計算、諸経費や利益の算出まで、個人店の経営者と同じようなことをやっていたの。

　私が一番苦手なことなんだけど、その経験があったから、ちゃんと利益を上げなければというプレッシャーは、始めた時から常にあったかも。

後藤　私は、今でも諸経費が払えればいいやと思っているから、始めた時からしっかり経営のことを考えていたのはすごいと思う。

長谷川　始める前に事業計画を書いたんだけど、結局その通りになることはなかった。やっぱり頭で考えるのと実際の経営は違うから、やってみないとわからないことを、身をもって知ったんだけど。

子供服店の店長をやっていた時は、雇われの身の私がどうしてここまでやるんだろうと思っていたけれど、無駄なことはなにもないと店を持って初めて感じたな。あの時の経験がこんなふうに活きてくるとは思ってもいなかった。

後藤　ちえさんは売り上げのことを考えて、催事をやっているのが偉い。催事をやるのはなかなか大変で、定期的に開催しているのは本当にすごいと思うわ。

長谷川　催事や企画展は、常設とは違う形で楽しんでもらいたくて続けている。自分がやりたいというのが一番の理由なんだけどね。

好きなものを扱っているけど趣味の店ではない

後藤　趣味でやっていると思われることもよくあるけれど、毎月ちゃんと赤字にならないように考えていて、もし一ヶ月でも赤字になることがあれば辞める覚悟で続けているの。

長谷川　私もそう思われることは多いよ。本当はお金のことなんか考えないで、それこそ趣味でできたら最高なんだけどね。

でも、もし同じお皿でも、好みではない百枚は売れるプロダクツのお皿と、せいぜい十枚くらいが限界の大好きな作家のお皿があったら、私は後者を、本当にそれがほしい人に届けたい。そこを曲げてまで続けなくてもいいという思いはあるな。趣味じゃないから真剣になれるのかも。

後藤　もちろん売り上げは大切だけれど、私も好きではないものを扱うことはしたくないな。

長谷川　私の店まで辿り着いて、わざわざここで買い物をしてくれる人がいる間は、その部分を守りながら続けたい。

後藤　お客さんから「〇〇さんって作家知ってます？」と教えてもらうことの方が多いの。知らないことばかりで、きっとそんなことも知らないのかと呆《あき》れられているはず。

長谷川　私も知らないことばかりだから、侮《あなど》られることが多い（笑）。でも店を続けてきて、侮られてなんぼだなと思うようになった。緊張しながら買い物をする雑貨屋ではなくて、気軽に入れる店でありたいな。

震災を経て考えたこと

長谷川　続けていく上で、ひとつの転機となったのは二〇一一年三月十一日の東日本大震災だった。その前から交流のあった、福島県で果樹園を営む安齋一家が被災した時に、なにもできない無力さを感じたし、消費社会に加担しているのではないかと考えてしまったの。辞めようとまでは思っていなかったけれど、このまま東京で続けていていいのだろうかとは思ったな。

後藤　アノニマ・スタジオの一階から、近くの駒形に移転したのは、震災がきっかけだったの？

長谷川　震災があって考えたこともあったし、雑貨屋をやらないかと声をかけてくれた丹治史彦さんがアノニマ・スタジオを辞めたこともあって、新たな出発をしようと考えたの。アノニマ・スタジオから徒歩五分くらいの場所にいい物件を見つけて、そこに移転したのが震災の翌年だった。

後藤　沼津は震災の後、どんな感じだった?

長谷川　直接の影響はなかったんだけど、気持ちは随分と落ち込んだよ。でも月が変わって桜がきれいに咲いたある日、日本全体はまだ大変な状況だったけど、私が暮らす沼津はライフラインも影響なくて、生活はなにも変わってないと気づいたの。メソメソしていても変わらないのだから、なにもなかった私が落ち込んでいては、被災された人に対して失礼だなと思った。微力かもしれないけれど、できることをしようと気持ちが切り替わった日があったの。被災地にできる限りの募金をしたり、購入することで被災地支援に協力できるものは、積極的に参加していたわ。

私もずっと心は落ち込んでいたけれど、なにかできることをしようと思うようになったんだよね。自分ができるのはコーヒーを淹れることくらいだったから、お客さんと話しながらコーヒーを飲んでいただいて、その売り上げを被災地に募金したの。その時に、店はものを売るだけでなく、お客さんと対面して心を通わせて交流できる場所なんだと、改めて感じた。当初からそういう気持ちでやっていたんだけど、震災があったことで大事なことがより明確になった。ここは譲れないというものが。

震災でカップが割れてしまって、新しいものを買いにきてくれた人がいたのね。私の店にわざわざきてくれた人に、たとえひとときでも心が落ち着く時間を提供したいなと、そういう気持ちが一層強くなったな。

後藤　震災の時、自分の無力さがよくわかった。力のなさを知らしめられた気がしたの。雑貨は命にかかわらない、不要不急なもの。だからこそ、それが大事なこともわかったわ。生きるか死ぬかにかかわるものではないけれど、それがないと心が潤わないものがあることがわかった。たとえば、震災後にテレビやラジオから音楽が一斉に消えてしまった。一時ではあるけれど、世の中から音楽が聞こえなくなって、それが必要だと思ってね。

同じように、halは心を満たすために大切なものを扱っていることに気づかされた。皆がそう思うかはわからないけれど、店に並べている雑貨や服や本が、生きていくのに必要なものだと思ったの。

もし南海トラフ地震がきたら沼津は確実に被災から逃れられないから、東日本大震災が起こって腹を括れたところはある。専門家の話では近いうちに確実に起こるようだから、明日にでも大震災がくるかもしれないという気持ちでいるの。明日なにが起こるかわからないから、今日を懸命に生きようと思えるようになった。

長谷川　私も東日本大震災が起こるまでは、明日がくるのが当たり前だと思ってたな。

後藤　何事にも限りがある。世の中に永遠に続くことはない、有限なんだなと実感したわ。

福島へ移転する決心

長谷川　八年間（蔵前で五年間、駒形で約三年）続けていたんだけど、東京を離れることを決めて、一旦閉店したのが二〇一六年二月。結婚して、夫が福島で働いていたから、私も福島に移ることを決めたの。

後藤　駒形での最後の営業日にお邪魔したんだよね。開店の時と同じように、呼ばれてもいないのに（笑）。

長谷川　ごっちゃんが突然きてくれて、本当に嬉しかったな。特に最終日にパーティーをやるわけでもないのに、いろんな人がきてくれた。

後藤　皆ちえさんが福島に行っちゃうのが寂しかったんだよ。

長谷川　福島に行くことを私以上に心配する人がたくさんいてね。親しくしていたあんざい果樹園の安齋伸也くん一家が、震災による原発事故をきっかけに福島を離れて北海道へ移住したこともあったから、その福島に移転するのはどうなんだって。

　いろいろ考えたんだけど、家族が一緒に暮らすことを優先したいと思ったの。一緒に暮らしたい人がいるのなら、その場所に行くのが一番だなって。

後藤　辞めることは考えなかったんだよね。

長谷川　福島で店を始めて何年か経ってから、取材で「福島に移住する時に辞めようと思わなかったのはどうしてですか？」と訊かれて初めて、辞めることもできたんだと気づいた(笑)。福島に限らず、居場所がしっかり決まりさえすれば、どこでも店はできるだろうなって、軽く考えちゃったんだよね。

それと、蔵前や駒形の街が大好きで、いろんな人に本当にお世話になったから、恩返しなんて言うとおこがましいけれど、in-kyoを福島でも続けることでしか、皆にお返しできないなと思ったのも大きいかな。

後藤

移住先でまた一から始めるって人、増えているよね。前と同じことを新しい場所で続ける人もいれば、新しいことを始める人もいる。ちえさんが旦那さんの故郷に移住して、その場所で新たに店を始める決断をしたことは、彼もとっても喜んでいると思う。そこで一緒に暮らすのは、一番いい夫婦の形なんじゃないかな。

大変な時でも品よくありたい

後藤　コロナ禍で売り上げは減ったとはいえ、固定費は都会と比べたら考えられないくらい安いから、影響はあまりなかったのよ。

長谷川　二〇二〇年の四月と五月は閉めることにしたんだけど、その前から企画展は決まっていて作家さんは作品を作っていたから、店に送ってもらったの。それまで通販はやっていなかったんだけど、ネットに写真を上げて、それを見て購入したい人がいたらメールで連絡してもらうという、超アナログなネット通販を始めた。そんな方法にもかかわらず、思った以上に購入してくれる人がいたんだよね。

閉めている時期もあったから売り上げは激減するだろうと覚悟していたんだけど、一年を通してみたらそこまで落ちていなかったのは意外だったな。だからといって、その後ネット通販を始めてはいないのだけど。

後藤　コロナ禍で地方に移住する人も増えて、都会至上主義じゃなくなった気がするわ。

長谷川　人が多い都会は地方以上に大変だったと思うし、自由に外にも出られないストレスも大きかったと思う。

後藤　本当に都会は大変だったと思う。「地方は呑気でいいよね」と言われたこともあったんだけど、それもきっと大変なストレスがあったからなんだろうな。前ならそんなことは言わなかったような人から、そう言われてびっくりしたんだけど、それくらい切羽詰まっている人が多かったはず。

長谷川　コロナ禍や震災に限らず、誰も予測できないような苦難が突然降りかかってくる可能性はあると思うんだけれど、大変な時でも品よくありたいと思っている。

コロナ禍になって特に思うのは、偏向的になる人もいる一方で、ものの考え方、捉え方が多様化したように思うの。以前は、年を取ると視野が狭くなっていくとばかり思っていたけれど、必ずしもそうではないと気づいた。ずっと先輩の中にも「好きなようにやればいいと思うよ」と、さらりと言ってくれる人もいて、その言葉にすごく救われたな。

後藤

後悔することがないように

長谷川

最近つくづく思うのは、なにはなくとも健康が一番大事ということ。アントニオ猪木さんがよく言っていた言葉の通りで、元気があればなんでもできるって、本当にそう思う。ひとりでやっているということは、体調を崩してしまったら休みにするしかないから、健康であることが本当に大切。

後藤　だから無理は禁物ね。

長谷川　人には「無理はしないでね」って言ってしまうけど。

後藤　自分は無理しがちじゃない。

長谷川　そう！　好きなことをやっているから、無理だとは思わず続けてしまうんだよね。

後藤　自身で終わりの線引きをしないといけないよね。

長谷川　無理なく続けるために、福島に移転してから休業日を増やして営業時間を短縮したの。

後藤　私も定休日を一日増やしたよ。以前だったら、そんなことは考えなかったかもしれない。コロナ禍を経て、無駄なことがたくさんあることに皆が気づいてシンプルになった気がするし、これからますますそうなっていくと思う。だからこそ、基本となる健康が一番大事という思いが強くなった。と言いながらも、長生きしたいとは思ってないんだよね。人間五十年と思っているから、今はもう余生を生きている気分でいるわ。

長谷川　あれをやっておけばよかったと後悔することがないよう、明日最期がきてもいいという気持ちで生きられたらいいよね。

後藤　本当にそう思う。目の前にある事柄に、一球入魂で向き合いたいな。

Herbes de Provence

第四章

楽しみながら本気で続けられること

父の盆栽

三姉妹とも父が大好きで、いつも隣を取り合っていた。朗らかな父は、子供の頃から今も変わらず憧れで理想の人。

大のお父さん子だった私の原点は、父が趣味で育てていた盆栽。小さな鉢の中に自分だけの世界を作ることができる、小宇宙とも表現される盆栽の世界に子供の頃から興味を抱いていた。盆栽をすることはなかったが、父の盆栽からたくさんの影響を受けた。

東京でひとり暮らしを始めた時から弁当を作り始め、結婚してからは夫と自分の弁当を、お母さんになってからは子供たちの弁当も作るようになった。私はずっと弁当を、父の盆栽と同じ気持ちで作っている。自分だけの小宇宙を作る心持ちで、毎朝弁当箱と向き合う。味や彩りの組み合わせを考えながらおかずを作り、美しく並べていく。

店もそれと同じ思いで作り上げている。自信を持って選んだものたちを、お客さんが手に取りやすいよう考えながら配置する。店は私にとっての小宇宙である。

一方、母は三姉妹の悪いところをきちんと叱りつけてくれる、厳しいけれどしっかりした人。母にしたら、父だけが子供たちから慕われているのは、割に合わないと思っていたことだろう。

面白いことに、私と子供たちも同じ関係性になっている。つい細々と言ってしまう私と、子供たちに優しい夫は、父母とまったく同じ構図。あの頃は嫌だと思っていた母と同じようなことを、今度は私が子供にしていた。

娘が思春期を迎えた頃、声をかけると「はあ」という気のない返事だったのに対し、夫にはいつでも楽しげに話しかけていた。それはまるで、思春期の私のようだった。その時になって、母にしたことを猛省した。母が子供たちをしつけていたから、家族の暮らしが成り立っていたことにようやく気がついた。

父が病床に伏すことになる前年、母が骨折した。入院する母に代わり、姉妹三人が交代で父の食事を作ることになった。

父は随分と食が細くなり、ほんの少ししか食べられなくなっていた。初めての食事当番の日、食が進まない父が食べやすい料理はなんだろうと考えた末、うどんを茹《ゆ》でて、野菜や肉などを一緒に煮込んだ具材を載せたものを作ることにした。

「お父さん昔から椎茸が苦手だったね」

好き嫌いの多い父に不得手なものを訊きながら、好きな食材だけを使って料理した。

一玉のうどんを食べきることができない父と二人で、一人前を半分ずつ、ゆっくりゆっくり食べる。大好な父を久しぶりに独り占めできるその時間が、とても愛おしかった。

今すぐに

人生百年時代と言われるようになった。かつては、人生の儚《はかな》さをたとえて人間五十年と言われていた。

五十歳を迎えた時、これからは余生だからもっと楽しんで生きていこうと、ぼんやり考えた。息子が大学を卒業した年に五十歳になったので、そんなことを考えたのかもしれない。

それから二年後、父が寝たきりの生活を送るようになり、残りの人生を意識するようになった。母と三姉妹で介護をしているが、自身も高齢の母は老老介護である。医療の発達で長寿になったが、果たして長く生きるのはいいことなのだろうか、そんなふうに考えてしまう。百歳まで生きることが本当に幸せなのだろうか。

太平洋に面した静岡県沼津市の市民は、幼い頃から近い将来に大地震が起こることを教えられてきた。大きな災害がやってくることを覚悟しながら生きてきたが、地球規模の出来事や身近に起きた様々な事柄が影響して、五十歳になった時になんとなく考えたことが年々明確になっていった。老後の備えをすることは大事だけれど、天命は誰にもわからないから、悔いが残らないように生きたい。

店に対しても同じような意識でいる。続けたくても、突然辞めなければならない状況になることだってあるかもしれない。

好きな店が、なんの前触れもなく閉店してしまう経験を何度もしてきた。とりわけ感染症が流行したことで、それが増えたように思う。だから、行きたい店にはいつかではなく、できるだけ早く訪れるようにしている。

以前、テレビで取材いただいた時に、放送日の翌日に北海道から訪れてくださった人がいた。halを知ったその日のうちに航空券を取り、沼津まできてくれた。

その行動力に感心し、そして共感した。情熱は距離さえも縮めてしまうものだと教えてもらった気がした。

私は忘れっぽい性分で、物忘れについては自信がある。それならば、後回しにせず忘れないうちにやるようにすればいい。思い立ったが吉日、なんでもすぐやることを信条にしてきたが、その思いが年々強くなっている。いつかやろうとあたためている場合ではない。

しかしながら、本質的には後ろ向きで、小さな壁に突き当たるたび、悶々《もんもん》と思いを巡らせては落ち込んでしまう。すぐにやることを決めているが、前ばかり見て進めない性格である。

すぐやるけれど、よく考えてから行動すべきだったと、後でくよくよと悩むこともたくさんある。しかし起きてしまったことは仕方がない。あの時やっぱりあしておけばよかったと、しなかったことを後悔するよりも、おかしてしまった失敗を反省する方が、悔いのない人生を送れるはず。今はそう信じている。

楽しみながら本気で続けられること

自営業者には定年がない。自身で辞めない限り続けることができる。表参道でお世話になった雑貨屋のオーナーは、会社員なら定年退職している年齢だが、到底引退するようには見えない元気ぶりで、バリバリ働いている。ひとまわり上の先輩の姿を見ると、同じ年齢になった頃にまだ続けているような気もしているが、生涯現役で働き続けようとは考えていない。

七十代、八十代を迎えた自分を想像した時、店を続けている姿が浮かんでこなかった。老後は仕事を辞めてのんびり過ごしたい。しかし、それがいつからなのか、その判断はまだつかないでいる。

明確に決めている線引きがひとつだけある。年齢に関係なく、やっていてつまらないと思った時は、即座に閉めようと決心している。ありがたいことに、始めてから今日まで楽しく店を続けている。大変なこともあるけれど、それよりも楽しいことの方がずっと多い。それは、お客さんはもちろん、かかわりのあるすべての人たちのおかげである。

雑誌の取材や書籍作りでも同じように感じている。各分野のプロたちが忙しい最中に沼津までいらして、真摯に仕事をしているのだから、それに応えられるよう全力を出したいと常々考えている。

ひとりで始めたけれど、ひとりではない。年を重ねるたび、皆に生かされていることを強く認識するようになった。

四十八歳でコーヒー屋を始めた友人がいる。カフェやコーヒー屋に勤めながら焙煎《ばいせん》の勉強を続け、開店するための準備をしていた。誰よりも石橋を叩いて渡る慎重派の友人は、コーヒー屋を始める機会を見極めていたのだろう。もしかしたら、ずっと楽しく続けられる確証が持てるまで、その時を待っていたのかもしれない。

一生の生業として楽しく続けられるかを考える前に、勢いで雑貨屋を始めた。しかし自分の判断は間違っていなかったと思う。

いつ始めて、いつ辞めるか。それは当人にしか決めることができない。ひとつだけ言えるのは、つまらないと感じながら続けるのは難しいということ。誰にもなにも言われないかわりに、誰も正しい方向に導いてはくれない。舵《かじ》取りは自分にしかできないから、つまらなくなったらスパッと辞める覚悟を持っている。

それは店に限ったことではない。人生において、大きな決断を迫られる場面がいくつもあった。その時も心に問いかけて、面白いと感じる方、楽しく続けられる方を選んできた。

それは楽な方を選ぶこととは違う。一度その道を選んだら、楽しみながら真剣に取り組む。面白いと思えることだったら、力を出し惜しみすることなく本気になれる。他人が見たら面倒だと思うことでも、まったく苦だとは思わず、つい続けてしまう。それこそが本当に楽しいことなのだろう。

私にとってのそれは雑貨屋。雑貨と私の日々は続いていく。今のところね。

後藤由紀子（ごとう・ゆきこ）
静岡県沼津市生まれ。東京の雑貨屋で勤務後、二〇〇三年に地元の沼津市で器や衣類、書籍を扱う雑貨屋・hal《ハル》を開店。本書『雑貨と私』を含め、これまでに二十冊の書籍を上梓。主な著書に『毎日続くお母さん仕事』（SBクリエイティブ）『後藤由紀子の家族のお弁当帖』（ワニブックス）『家族が居心地のいい暮らし』（あさ出版）『日々のものさし100』（パイインターナショナル）『毎日のこと、こう考えればだいじょうぶ。』（PHP研究所）『会いたい。東京の大切な人 私の愛するお店』（扶桑社）『50歳からのおしゃれを探して』（KADOKAWA）などがある。

雑貨と私

2023年4月28日　初版第1刷

著者　後藤由紀子
発行者　藤原康二
発行所　mille books（ミルブックス）
〒166-0016　東京都杉並区成田西1-21-37 # 201
電話・ファックス　03-3311-3503
発売　株式会社サンクチュアリ・パブリッシング
（サンクチュアリ出版）
〒113-0023　東京都文京区向丘2-14-9
電話 03-5834-2507　ファックス 03-5834-2508
印刷・製本　シナノ書籍印刷株式会社

ISBN978-4-910215-12-9　C0077